시장에 대한 지식
가격의 흐름
미래예측

부동산의
보이지 않는
진실

이재범·김영기 지음

프레너미
FRENEMY PUBLISHING

한국 부동산 시장은 어떻게 될까?

홍춘욱

이 책을 읽으면서 참 속 시원했습니다. 왜냐하면 언론이나 부동산 토론 게시판의 필자들이 공공연하게 '한국이 일본 된다'고 주장하지만, 정말 그럴 가능성이 있는지를 이렇게 꼼꼼하게 파고든 책은 처음이었기 때문입니다.

특히 속이 시원했던 것은 정부의 역할을 강조한 다음 대목을 읽었을 때입니다.

영어 'Real Estate'가 부동산을 지칭하게 된 것은 처음 미국의 캘리포니아 지역을 차지했던 에스파냐 사람들이 부동산을 'real'로 표현했기 때문이다. 그 땅은 왕실 소유라는 뜻이었다. 그 후 캘리포니아를 점령한 영국은 부동산을 'estate'로 불렀다. 나중에 이 두 단어가 합쳐져 영어권에서는 'Real Estate'가 부동산을 지칭하는 용어로 정착했고, 일본이 이를 '부동산'으로 번역해 쓰면서 우리에게도 전해졌다.

부동산이란 결국 개인 소유가 아닌 왕실 소유라는 의미에서 유래되었다고 할 수 있다. 과거와 달리 지금은 부동산 개인 소유권이 인정되어 국가로부터 구입도 할 수 있다. 이처럼 이제 부동산은 왕실이나 국가의 것이 아닌 자기 것이라고 믿으며 살아가고 있는 사람들에게 절망적인 소식을 전하면, 여전히 부동산은 국가 소유물이란 사실이다. 부동산은 누구도 건드리지 못하는 내 고유의 순수한 자산이라 믿어도 말이다. 부동산을 매수할 때 취득세를 내야 하고 매도할 때 양도소득세를 내야 한다는 점에서 우리는 깨닫게 된다.

이뿐만 아니라 부동산을 보유하면 1년에 한 번 재산세를 납부해야 하고 주택의 가격이 일정 금액 이상일 때는 종합부동산세까지 납부해야 한다. 사고팔 때뿐만 아니라 보유만 하고 있을 때조차 세금을 내야만 하는 사물이나 자산이 얼마나 될까. 부동산은 보유하고 있다는 사실만으로도 세금을 내야 할 뿐만 아니라 세금을 내지 않으면 공매 처분되어 자산을 빼앗기기도 한다.

그러므로 정부가 늘 부동산에 관심을 갖고 주시하며 각종 정책을 펼치는 것이 당연하다. 개인의 믿음(착각)과 달리 부동산 가격을 올리고 내리는 것은 전적으로 정부의 의지다. 부동산의 진짜 주인인 국가의 정부가 어떻게 하느냐에 따라 부동산 가격은 오르고 내린다. 부동산 거래를 할 때 전액 현금으로 하는 사람은 없다. 대부분 대출받아 부동산을 구입한다. 정부가 마음만 먹는다면 얼마든지 대출을 억제하거나 풀어 조절할 수 있다.

*홍춘욱은 경영학 박사이며, 한국 금융연구원, 교보증권, 굿모닝증권, 국민은행을 거쳐 국민연금 기금운용본부에서 일했다. 지은 책으로 《돈 좀 굴려봅시다》, 《원화의 미래》 등이 있다.

매매하는 사람도 대출을 받고 전세 사는 사람도 대출을 받는다. 이런 현실을 무시하면 안 된다. 대대로 토지와 가옥은 지켜주는 사람 것이었다. 지금도 각 국가의 정부에서 개인의 부동산을 지켜주는 것은 마찬가지다. 정부의 부동산 정책을 늘 주시하고 눈여겨보며 대처해야 하는 이유다. 정부 정책을 역행하는 사람은 주인인 국가로부터 따끔한 벌을 받는다.

한국 사람들은 뭔가 조금이라도 맘에 안 들면 쉽게 '정부 탓'을 합니다. 그런데, 왜 부동산을 매매하고 또 가격을 예측할 때에는 정부의 정책을 예상하지 않는 것일까요?

그게 다, 희망과 전망을 구분하지 못하기 때문일 것입니다. 막 주택을 팔아치우고 나면 주택가격이 더 이상 오르지 않기를 바라고, 반대로 막 주택을 매입하고 나면 주택가격이 급등하기를 바라는 것은 어찌 보면 당연한 일이라 하겠습니다. 그런데 이런 '희망'에 압도된 나머지, 주택가격의 방향을 결정짓는 가장 중요한 변수인 정부의 태도를 무시하는 모습이 종종 보이는 것은 큰 문제라 생각됩니다.

한국 경제는 정부의 역할이 대단히 큰 비중을 차지하기 때문에, 이 책의 저자들이 주장하는 것처럼 항상 정부의 정책 방향을 주시해야 합니다. 그런 면에서 볼 때, 우리 정부의 관심은 주택가격을 올리는 데 있을까요? 아니면 주택가격을 떨어뜨리는 데 있을까요? 이미 이 질문을 통해 미래 주택시장이 나아갈 방향을 예측하는 데 큰 도움을 얻을 수 있으리라 생각합니다.

물론, 정부가 마음대로 주택가격을 좌우하는 것은 아닙니다. 왜냐하면, 정부는 주택시장의 '판'을 깔아주는 일종의 심판이나 시장 조성자 역할을 할 뿐, 주택가격을 최종적으로 결정하는 것은 주택 공급자와 주택 수요자이기 때문입니다.

이런 면에서 이 책《부동산의 보이지 않는 진실》은 매우 균형이 잘 잡혀 있다고 생각됩니다. 부동산 전문가 대부분은 고령화나 1인 가구의 변화 등 주택의 수요 측면만 집중적으로 파고들지만, 이 책은 주택의 공급 측면에도 많은 관심을 기울이고 있기 때문이죠. 특히 1990년대 일본의 주택가격 하락을 다룬 대목은 이 책의 백미가 아닌가 생각됩니다.

주택가격을 결정하는 요소는 많지만 그중에서 주택의 수요와 공급이 제일 중요한 요소다. 한국의 경우에도 노태우 정부 시절 200만 호 건설 후 몇 년 동안 주택가격은 안정화되었다. 그 후로 제3차 국토종합개발계획(1992~2001) 기간 동안 총 595만 가구의 주택을 건설하려 했을 정도로 계속 공급을 늘렸다. 이처럼 공급은 주택가격에 상당히 큰 영향력을 미친다.

일본에서 1986년부터 1989년까지의 버블로 상승했던 주택가격이 1990년부터 떨어지기 시작한 뒤 다시 오르지 못했던 이유는 단순히 일본 사람들이 '이제 주택은 필요 없다'고 느꼈기 때문이 아니었다. 떨어진 주택가격을 올리기 위해서는 대출을 쉽게 받을 수 있는 정책을 마련하면 된다. 예를 들면 금리를 내리거나, 세금 혜택을 주는 것이다. 이런 방법은 여러 요소 중 하나지만 단순히 주택 정책을 위해 금리를 오르고 내린다는 것은 근시안적인 편견이다. 각국의 중앙은행은 여러 요소를 감안하지만 그중에서 인플레이션을 잡으며 경제가 안정적으로 돌아가게 만드는 것이 핵심이다. 주택은 그런 요소 중 하나일 뿐이다.

이뿐만 아니라 주택가격을 올리기 위해서는 공급을 줄여버리면 간단하다. 공급 감소는 1~2년 내로 발생하진 않는다. 인허가받고 착공해서 준공까지 2~3년 시간이 걸린다. 공급을 줄여버리면 되었지만 일본은 그런 정책을 펼치지 않았다. 한국의 국토교통부에 해당하는 일본의 MLIT Ministry of Land, Infrastructure, Transport and Tourism, 즉 국토교통성에 따르면 폭락이 시작된 1990년 이후에도 주택 공급은 전혀 줄지 않았다.

주택 착공 기준으로 보면 1992년에 약 140만 호가 공급되었다. 1996년에는 약 160만 호로 공급을 더욱 늘렸다. 그 후 지속적으로 공급 물량이 줄었지만 2008년에 약 109만 호가 착공되었을 정도로 계속적으로 100만 호 이상이 공급되었다. 단 한 번도 주택 착공 숫자가 줄어들지 않고 유지되었다. 2009년 약 79만 호의 착공이 이루어지면서 드디어 100만 호 밑으로 공급이 줄어들었다.

그 후 2010년 81만 호, 2011년 83만 호, 2012년 88만 호, 2013년 98만 호, 2014년 89만 호로, 1992년부터 2008년까지 거의 20년 동안 주택 공급을 줄이지 않았다. 한국의 경우를 보더라도 공급이 늘고 경제가 악화되면 공급 물량이 해소될 때까지 한동안은 신규 공급이 제한된다. 그런데 일본은 분명히 주택가격이 폭락했는데도 착공은 전혀 줄지 않고 꾸준했다.

아무도 주택 구입을 하지 않는데 이토록 주택 공급을 계속할 필요가 있었을까.

드디어 비밀의 한 자락이 풀린 것 같습니다. 일본의 부동산 시장이 1990년 이후 25년이 넘게 불황의 늪에서 고통받았던 이유는 '고령화'를 비롯한 수요 요인뿐만 아니라, 일본 정부 및 민간 건설업체가 지속적으로 주택 공급을 확대했던 데 있었던 것입니다.

반면 일본과 마찬가지로 고령화의 고통을 겪은 북유럽의 3국(노르웨이, 스웨덴, 핀란드)은 일본과 정반대의 흐름을 보였던 데에서, 주택 공급의 중요성이 여실히 드러나는 것 같습니다.

이 북유럽 3개국 중에서 먼저 핀란드의 사례를 보자. 핀란드 통계청 자료에 근거하면 핀란드는 버블 형성기에 매년 약 5만 호 정도의 주택을 공급하다 1990년에 6만 5,000호까지 최다 공급한 후 버블이 꺼진 다음부터는 공급을 줄였다. 1996년에 2만 호까지 주택 공급을 줄인 후 2000년대 내내 약 3만 호를 안팎의 주택을 공급했고 2009년에는 그마저도 줄여 약 2만 호까지 공급을 줄였다.

인플레이션으로 조정한 핀란드 전체 주택가격은 1989년에서 1993년까지 무려 49.2%나 하락했고 수도인 헬싱키는 53.4%로 더 많이 하락했고 그 외 지역은 44.4%로 상대적으로 덜 하락했다. 1993년에서 1994년까지 핀란드 전체 주택가격은 6.6%, 헬싱키는 10.3% 올랐다. 1994년에서 1995년까지 전체 핀란드 주택가격은 4.8%, 헬싱키는 6.3%나 하락하며 우리 예상대로 진행되었다.

하지만 그 이후 우리 예상과는 다른 방향으로 흘러갔다. 1995년부터 1999년까지 핀란드 전체 주택가격은 무려 45%나 올랐고 수도인 헬싱키는 더 올라서 62.8%나 상승했을 뿐만 아니라 그 외 지역도 38%나 올랐다. 인플레이션을 조정한 가격이니 체감할 수 있는 상승 금액은 훨씬 더 크다. 그 후에 다시 1999년에서 2001년까지 6.9%나 하락한 주택가격은 또다시 2001년부터 2008년 2분기까지 핀란드 전체가 무려 42%나 올랐고 헬싱키는 45.7%가 올랐으며 그 외 지역도 33.4%나 상승했다.

그 이후에도 지속적으로 핀란드의 주택가격은 지속적인 하락은커녕 올랐다 떨어졌다를 반복했다. 심지어 떨어졌을 때의 하락률에 비해 올랐을 때의 상승률이 훨씬 더 눈부실 정도였다. 가계 대출마저도 2000년에 GDP 대비 약 20%에서 2012년에는 무려 45%까지 12년 동안 2배도 넘게 증가했다. 한국은행에 해당하는 핀란드은행 자료니 의심스러운 분들은 직접 확인하기 바란다.

핀란드 사례가 핀란드만의 독특하고도 유일한 아웃라이어라고 주장할 수 있다. 그런 주장을 하는 사람에게 반문하고 싶은 것은, 바로 그렇다면 왜 폭락을 말할 때 일본 사례만 드는 것인가이다. 비슷한 시기에 똑같은 버블로 폭등과 폭락을 경험한 두 나라 사례를 공정하게 보여주며 이야기해야 하는 것이 아닐까. 핀란드와 일본은 독특하며 유일한 아웃라이어라고 주장하며 데칼코마니와 같이 반대 사례로 주장할 수 있다. 과연 그럴까.

이미 핀란드를 이야기할 때 북유럽 3개국이라고 표현했다. 스웨덴도 1991년 약 7만 호, 1992년에 약 6만 호 주택을 공급하다 1995년부터 7년 동안 겨우 약 1만 5,000호만 공급했다. 2000년대 내내 3만 호 이상 주택을 건설한 적이 없다. 1996년 GDP 대비 약 27% 정도 차지하던 가계 대출은 2014년에는 약 50% 정도까지 2배 증가했다. 폭락 시점인 1992년 1월 1일을 100으로 보았을 때 중간에 부침은 있었을지언정 2014년 1월 3일 기준으로 무려 370까지 주택가격이 올랐다. 이 역시도 스웨덴 통계청을 가면 모든 자료를 볼 수 있다.

일본과 북유럽 3개국은 똑같은 시기에 똑같은 버블을 겪었고 거의 비슷한 시기에 폭락을 겪었다. 그 이후 일본과 북유럽의 부동산은 다른 방향으로 흘러갔었다. 우리가 알고 있는 일본 사례는 일본만의 유일한 사례일 뿐만 아니라 이미 확인했듯이 상업지가를 비롯한 토지 가격일 뿐 주택가격은 그처럼 폭락하지도 않았다는 것을 알 수 있다.

그렇다면 수요가 아닌, 공급 측면에서 볼 때, 앞으로 한국 부동산 시장은 어떻게 될까요?

추천하는 글에서 이 모든 것을 다 이야기해버리면 재미없으니, 저는 이 정도에서 마감하겠습니다. 아무튼, 제가 지금까지 본 부동산과 관련된 책 중에서 이 책은 감히 최고라고 생각됩니다. 많은 사례를 다루고 있어 글이 매우 생생하며, 또 설득력까지 갖추고 있다는 점에 특히 높은 점수를 주고 싶습니다.

부동산 시장에 관심을 가진, 그리고 미래의 한국 부동산 가격의 동향에 대해 신경을 쓰는 모든 분들이 읽어야 할 책이 아닐까 합니다.

즐거운 독서, 그리고 행복하게 사세요!

서문 부동산은 어떻게 흘러갈까

컵에 물이 반이 차 있다. 누군가는 그 컵을 보고 "물이 반밖에 안 남았다"라고 말하고 누군가는 "물이 반이나 남았다"라고 말한다. 둘 다 컵을 바라본 사람의 감정과 가치판단 등이 반영된 표현이다. 이를 두고 긍정적인 사람과 부정적인 사람의 차이라고 이야기하기도 한다. 정확한 표현은 '물이 반이다'이다. 모든 것을 배제한 채 순수하게 컵에 들어 있는 물의 상태만 말한다면 '물이 반이다'가 맞다.

이 책은 부동산에 대한 온갖 데이터를 이야기한다. 데이터 자체는 물이 반이나 남았는지, 반밖에 남지 않았는지 말하지 않는다. 보는 사람의 입장에 따라 데이터에 대한 해석이 달라진다. 가령 장님이 코끼리를 만질 때 어느 부분을 만지느냐에 따라 묘사와 설명이 달라지는 것과 같다. 코를 만진 사람, 다리를 만진 사람, 꼬리를 만진 사람에 따라 묘사하고 설명하는 코끼리의 모습은 천차만별이다. 우리는 코끼리를 만지지 않았지만 코끼리가 어떻게 생겼는지 알고 있다. 전체 모습을 봤기 때문이다.

사람은 살면서 최소한 한 번은 부동산을 거래한다. 매매로 주택을 구입하거나 임차인이나 임대인으로 임대차계약을 맺는다. 평생 이사 안 하고 한집에 살지 않는 이상, 싫든 좋든 무조건 한 번 이상은 거래하게 된다. 과거에는 부동산 투자가 속칭 복부인 등 일부 계층의 투기로 치부되었다. 부동산은 실생활과 밀접한 관련이 있는데도 투자 관점보다는 투기 관점으로 보는 경우가 많았다. 그래서 부동산 가격이 오르면 투기꾼들이 주택가격을 올려놨기 때문이라고 주장하기도 했다.

이제 과거의 복부인은 사라졌다. 복부인은 남편이 고위직 관리자거나 남들보다 부동산 정보를 먼저 알고 그 정보를 가지고 부동산을 미리 선점해 돈을 번다는 부정적인 이미지가 강했다. 복부인이 대체 어디 사는 누구인지, 어떤 사람인지 밝힌 적이 없이 그저 복부인이라 통칭하며 욕했다. 시간이 지난 지금 보면 복부인은 그저 우리 어머니이고 옆집 아주머니였다. 내 집 하나는 갖자고 노력하는 어머니이다. 집 없는 서러움을 풀려다 기대하지 않은 주택을 하나 이상 갖게 된 경우도 많았다.

그렇게 주택을 하나둘씩 장만한 부모님들은 의도와 무관하게 부자가 된 경우도 많았다. 정확하게 표현하면 자산가가 된 것이다. 자산가라는 표현이 과할지도 모르지만 어쩌다 보니 보유 주택이 한 개 이상 되었을 뿐이지, 그들은 그것이 투기나 투자라고 생각지 않았을 수도 있다. 사실 과거에는 부동산 투자라는 개념도 없었다. 돈이 있으면 아끼고 아껴 은행에 맡기거나 주택을 구입했다. 혹시나 하는 마음도 없지 않았을 것이다. 시간이 지나 주택가격이 오르며 뜻하지 않게 자산이 늘어났다. 투기라니, 얼토당토않은 이야기다.

2008년 미국발 금융위기는 전 세계 경제에 엄청난 충격적인 사건이었다. 한국과는 상관없어 보이던 미국발 금융위기는 부동산 시장에도 예외 없이 영향을 미쳐 뉴타운 열풍이 불며 끝없이 오르던 주택가격이 폭락했다. 서울, 수도권을 제외한 지역은 오르기는커녕 떨어지거나 몇 년째 답보 상태여서 누구도 거들떠보지 않았다. 심지어 부동산 중개업자들마저 몇 년째 가격 변동이 없는 지방 아파트를 시세차익을 보겠다며 굳이 매수하려는 사람을 이상한 눈초리로 바라보았다.

시간이 흘러 2010년 대구와 부산의 아파트 가격부터 변화가 시작되었다. 모두가 부동산 가격은 계속 폭락할 거라고 외쳤다. '하우스푸어'라는 말이 생겨났고 부동산을 구입하면 지옥으로 가는 마지막 열차에 탑승하는 것이라며 떠들던 시기였다. 흥미롭게도 이 시기에 서울, 수도권의 부동산 가격에는 아무런 변화가 없었다. 누구도 대구, 부산을 비롯한 아파트 가격이 상승하고 있는 것을 신경 쓰지 않았다. 잠깐 그러다 말 것이라고 치부했다.

시간이 지나도 이들 지역의 주택가격은 떨어지지 않았다. 오히려 더욱 상승했다. 다만 공개된 정보 대부분이 서울, 수도권 위주이다 보니 전국적인 뉴스가 되지 않았을 뿐이었다. 그러던 어느 날부터 서울, 수도권의 아파트 전세 가격이 오른다는 소식이 들렸다. 그때도 몇 년마다 한 번씩 반복되는 뉴스라 치부했다. 하지만 이번에는 몇 년 동안 계속 전세 가격이 쉴 없이 오르기만 했다. 전세대란이란 표현을 썼을 정도로 연일 뉴스에서 떠들었다. 전세대란은 서울, 수도권뿐만 아니라 주요 지역 도시에서 동일하게 일어나는 뉴스가 되었다.

주택가격이 오를 것이라 누구도 외치지 않는 시절이 왔다. 흡사 IMF 구제금융 직후에 '주택은 이제 보유 목적이 아닌 거주 목적으로 구입하는 것이 맞다'며 굳이 주택을 구입할 필요가 없다고 했던 때와 똑같은 분위기가 팽배해졌다. 이번에는 인구라는 피할 수 없는 팩트가 등장했다. 과거 IMF 구제금융 시기에는 한국 자체가 망했기에 자산 시장이 붕괴되었다면, 이번에는 인구라는 도저히 피할 수 없는 절대 불가분의 사실이 우리 앞에 등장했다.

누구라도 직관적으로 선명하게 이해할 수 있다. 계속해서 연일 뉴스에서 떠들고 있다. 출생률이 전 세계에서 최저다, 이대로 가면 인구절벽이 온다, 갈수록 노인 인구는 늘어나고 청년층은 사라지며 더 이상 자산 시장이 버틸 수 없다고 말한다. (이미 그렇게 되었다고도 한다.) 어느 누구도 부정할 수 없는 이런 사실에 모두들 입을 다물었다. 이 상황에 마지막 방점을 찍는다. 일본 사례를 들어가며.

일본은 이미 '잃어버린 20'년을 통해 자산 시장이 망했다는 것을 이미 익히 보고 들어서 알고 있다. 이미 노인 인구가 많아진 일본은 부동산 가격이 폭락해서 올라갈 기미는커녕 어느 누구도 부동산 구입을 하지 않는다는 뉴스를 접한다. 신뢰도 높은 리포트와 전문가들이 하는 말에 많은 사람들이 겁을 먹고 부동산 구입을 하려 하지 않는다. 일본 부동산이 실제로 그런지 확인하기보다는 전문가의 말이니 무조건 맞을 것이라며 그대로 믿었다.

대구, 부동산에서 시작된 아파트 가격 상승은 어느새 서울, 수도권으로까지 올라왔다. 전세 가격이 올라가도 요지부동이던 주택가격이 어느 순간부터 오르기 시작했다. 짧은 시간 동안 꽤 많이 오른 지역들이 생겨났다. 여전히 지난 고점을 회복하지 못한 지역들도 많이 있지만 몇몇 지역들은 알아차리지 못한 사이 전고점을 회복했다. 발소리를 내지 않고 다가오는 도적처럼 인식하지 못하는 사이에 부동산 가격이 오른 곳이 생겼다. 분양도 언제부터인가 완판 행진을 했다.

도대체 무슨 일이 벌어졌는지 인식하기도 전에 이런 일이 벌어졌다. 누군가는 외친다. "마지막 발악이다. 착각하지 마라. 지옥으로 가는 입구가 열렸다." 또 다른 누군가는 외친다. "부동산은 오를 수밖에 없다. 이렇게 미분양이 다 해소되고 전세 가격이 오르면 무조건 오른다." 누구 말을 들어야 할지 도대체 혼란스럽다. 오늘은 이 사람 말에 흔들리고 내일은 저 사람 말에 흔들리며 갈팡질팡한다. 중심을 잡기는커녕 피아 식별도 안 된다. 지금 이 글은 2015년에 썼지만 2020년, 2025년, 2030년에도 반복될지 모른다.

'부동산이 오를 것이다'라는 사람의 이야기를 들으면 그 말이 맞다. '부동산이 떨어질 것이다'라는 사람의 이야기를 들으면 그 말도 맞다. 주택을 매입한 사람들은 주택가격이 오르길 원하면서도 떨어질까 봐 노심초사한다. 주택이 없는 사람들은 주택가격이 떨어질 것이라 믿고 있지만 올라가면 어쩌나 걱정한다. 현재 자신이 처한 상황에 따라 바라보는 시선이 이토록 다르다.

이 책은 주택가격이 오를 수밖에 없으니 투자하라고 권유하는 책이 아니다. 또한 주택가격이 폭락할 수밖에 없으니 전부 매도하라고 경고하는 책도 아니다. 우리가 꼭 알아야 할 기본적인 정보를 될 수 있는 한 전부 여러분에게 남김없이 알려주려 노력했다. 어떤 부분에서는 우리가 지금까지 알고 있던 상식과 지식이 틀렸고 어떤 부분에서는 맞았다는 것을 확인하게 될 것이다. 이런 과정을 통해 부동산이 앞으로 어떻게 흘러갈지 알려주는 것이 이 책의 가장 큰 목적이다.

1장 '부동산에 대해 알아야 할 점'에서는 부동산은 실질적으로 어떤 의미를 갖고 있는지 먼저 설명한다. 주택은 반드시 소득에 근거해 매수한다. 이때 소득을 어떻게 구분하는지 알아본다. 주택은 지금도 꾸준히 사라지고 있고 막연하게 높다고만 생각하는 주택가격이 과연 얼마나 높아졌는지 정확히 비교해볼 것이다.

2장 '공급과 수요'에서는 먼저 지금 주택이 필요한 사람들이 얼마나 되는지 살펴본다. 그래야 앞으로 주택이 더 필요할지 필요하지 않을지 유추할 수 있다. 그리고 의외로 알고 있는 사람이 거의 없는, 사람이 살지 않는 주택에 대해서도 알아본다. 수요에 맞게 주택이 제대로 공급되고 있는지도 알아볼 텐데, 이는 중요한 자료가 될 것이다. 결국 돈이 있어야 주택을 구입할 수 있으므로, 현재 주택을 살 만한 재력을 갖춘 사람들이 얼마나 되는지 알아보는 것은 중요한 의미를 지닌다.

3장에서는 '한국의 일본화 가능성'이 얼마나 높은지 직접 알아본다. 도대체 일본에서 어떤 일이 일어났는지 먼저 알아본다. 일본에서는 부동산 가격이 폭락하기 전에 엄청난 버블이 먼저 있었다. 버블이 꺼진 후 부동산 가격 어떤 규모로 폭락했는지 확인한다. 그 진실에 대해서. 역사적으로 버블은 일본뿐만 아니라 다른 국가에서도 반복되어 나타났다. 버블이 있었던 국가들을 비교하며 공정하게 판단해보려 한다. 점점 고령화되는 국가로 일본뿐만 아니라 다른 국가도 비교할 것이다.

4장에서는 '장기적인 주택가격'이 어떻게 달라져왔는지 살펴본다. 주택을 지으려면 건설 비용이 필요한데, 그 추세를 살펴본다. 한국의 대표 주택이 되어버린 아파트에 대해 요모조모 들여다보면서 주택가격이 현재까지 어떻게 변화해왔는지 확인해보자. 시간이 흘러 오래되어 낡은 주택이 하나둘씩 늘어가고 있는데, 그런 주택이 얼마나 되는지도 충분히 다룰 것이다.

5장 '미분양과 주택가격의 함수'는 부동산 투자를 하는 사람들이 주택가격 상승과 하락을 이야기할 때 늘 주장하는 데이터다. 미분양일 경우 실제 주택가격이 어떻게 변하는지 확인한다. 전국적으로 미분양된 상황을 그려볼 테지만, 부동산은 개별 지역에 따라 주택가격이 다르게 움직이므로 서울, 수도권 미분양 사례를 먼저 알아본 후에 최근 주택가격이 상승한 지역을 포함해 미분양과 주택가격의 추이를 함께 살펴보려 한다. 더불어 주택과 주택을 지을 택지라는 중요한 관계도 따져볼 것이다.

6장 '금융과 부동산'에서는 부동산이 독립된 자산이 아니라는 걸 짚어본다. 과거와 달리 부동산은 갈수록 금융과 밀접하게 연관된다. 따라서 정부가 금리를 조절하는 이유가 무엇이고 이것이 부동산에는 어떤 영향을 주는지 알아본다. 세계 속의 한국에서 환율은 어떤 의미를 갖고 우리의 원화는 어떻게 움직이고 있으며 그에 따라 자산 시장이 어떤 방향으로 움직이는지 살펴본다. 순수하게 자기 자본만으로 주택을 구입하는 경우는 많지 않으므로, 현재 금융과 결합된 부동산 시장이 어떻게 진행되었고 어떤 방향으로 움직일지도 살펴본다.

7장 '부동산은 어떻게 될까'에서는 전세 가격에 따라 주택가격이 어떻게 달라지는지 알아본다. 사람은 누구나 거주할 공간이 필요하다. 최소한의 거주 공간 면적은 얼마이며, 과거부터 지금까지 어떻게 달라져왔는지 파악한다. 이를 통해 현재 우리에게 필요한 주택 숫자가 얼마큼 되는지를 따져볼 것이다.

이렇게 해서 필자들은 주택가격이 어떻게 움직이고, 주택가격에 영향을 미치는 것들은 어떤 것이 있는지 확인함으로써 부동산을 바라보는 올바른 시각을 갖도록 도움을 주려 한다. 싫든 좋든 우리는 거주할 공간이 필요하다. 그리고 주택가격에 따라 많은 영향을 받는 것도 피할 수 없는 현실이다. 막연히 이랬으면 좋겠다며 희망을 갖고 기다리거나 실행을 하기보다는, 이 책을 먼저 읽고 나서 올바른 판단을 내렸으면 한다.

올바른 판단을 내리는 데 이 책이 크게 일조한다면 그 이상 바랄 것은 없다.

CONTENTS

| 추천하는 글 | 한국 부동산 시장은 어떻게 될까?   4
서문 부동산은 어떻게 흘러갈까   12

1장 부동산에 대해 알아야 할 점

부동산의 의미   25
소득과 주택   30
주택이 사라진다   35
부동산의 실제가격   41

2장 공급과 수요

주택이 필요한 사람들   51
아무도 살지 않는 주택   57
주택은 얼마나 공급되고 있을까   63
누가 집을 살 수 있을까   69

3장 한국의 일본화 가능성

일본 버블의 진실   81
일본 부동산의 현실   86
세계적인 버블 국가들   92
생산가능인구와 부동산   99

4장 장기적인 주택가격

건설비의 상승　　　　　　　　　　　　113
아파트 단지 공화국　　　　　　　　　　118
주택 가격의 변화　　　　　　　　　　　123
노후화 주택의 증가　　　　　　　　　　130

5장 미분양과 주택가격의 함수

미분양과 가격　　　　　　　　　　　　147
서울 수도권 사례　　　　　　　　　　　153
광역도시 사례　　　　　　　　　　　　159
택지공급에 따른 주택가격　　　　　　　166

6장 금융과 부동산

금리 조절 이유　　　　　　　　　　　　177
금리와 환율　　　　　　　　　　　　　182
금리와 자산시장　　　　　　　　　　　188
빚을 쌓은 집　　　　　　　　　　　　　194

7장 부동산은 어떻게 될까

전세와 주택가격　　　　　　　　　　　205
주택 면적의 변화　　　　　　　　　　　211
필요 주택 숫자　　　　　　　　　　　　216

맺음말　그래도 주택은 사는 것이 낫다　　222

1장

부동산에
대해
알아야 할 점

How can a man be said to have a country when he has not right of a square inch of it?
땅 한 조각도 갖고 있지 않은 사람에게 어떻게 그의 국가가 있다고 말할 수 있는가?

_헨리 조지(Henry George, 1839~1897)

부동산의 의미

"이 놈의 부동산이 문제야!"
"하늘 높은 줄 모르고 올라가는 부동산 가격"

평소에 별생각 없이 쓰는 부동산이라는 단어의 정확한 의미는 무엇일까? 부동산不動産의 한자를 보면, 한자로 '아니다'라는 뜻의 '부', '움직이다'라는 뜻의 '동', 낳다, 태어나다'라는 뜻의 '산'으로 이루어져 있다. 부동산은 움직이지 못할뿐더러 무엇인가 생산하지도 못한다는 의미를 지닌다. 하지만 실제로는 인간에게 고통과 희망을 동시에 안겨주며 마음을 움직이고 자산을 축적해 생산하게 하니, 본래 뜻과는 정반대로 현실화되는 이상한 단어다. 언제부터 우리가 부동산이라는 말을

써왔고 그 유래가 무엇인지 알아보도록 하자.

부동산이라는 단어가 한자어여서 한자를 주로 쓰던 시대부터 통용되었다고 오해하기 쉽다. 그런데 한국에서는 원래 부동산이라는 단어 대신 토지土地와 가옥家屋으로 표현했다. 지구는 바다와 육지로 이뤄져 있고, 육지에서 활동하는 인간이 쓸 수 있는 땅은 한정되어 있다. 인간이 생활하며 활동에 이용할 수 있는 한정된 땅을 토지라고 한다. 나약한 인간에게 외부로부터의 위협, 즉 호시탐탐 노리는 짐승, 예측 불허의 자연재해, 낯선 인간으로부터 자신을 보호할 가옥이 필요했다. 가옥에 건물이라는 의미가 포함되어 있지만, 지금은 거의 쓰이지 않고 그 대신 '주택'이라는 단어를 더 많이 쓴다.

토지와 가옥을 통틀어 부동산으로 표현하게 된 것은 일제강점기부터였다. 일본은 영어 'Real Estate'를 '부동산'으로 번역했다. 일제가 조선의 토지제도를 새롭게 개편할 때 양반들의 토지 소유권을 인정하고 부동산등기제도를 확립하며 부동산이라는 용어를 처음 쓰기 시작했다. 1912년 3월 '조선부동산증명령'을 공포하면서 부동산이라 통칭해 쓰게 되었다. 현재 쓰고 있는 '부동산'이라는 단어는 인간이 활용할 수 있는 모든 토지와 가옥을 모두 아우르는 것이다.

다시 말해 부동산은 영어 'Real Estate'를 번역한 것이다. 이 단어에 대해 《주홍글씨》의 작가 나대니얼 호손은 "What we call real estate — the solid ground to build a house on — is the broad foundation on which nearly all the guilt of this world rests.(우리가 부동산이라 명명한, 집을 지을 수 있는 땅은 이 세상의 모든 죄악이 생겨나는 광범위한 근거다.)"라고 표현했다. 'Real Estate'가 어떤 의미를 갖고 있기에 부동산 때문에 모든 죄악이 생겼다고 하는 것일까.

원시시대에 인간은 수렵 생활을 했다. 인간은 끊임없이 먹을거리를 찾아 돌아다니는 유목민의 삶을 살았다. 집도 없이 동굴에서 생활하다 언제부터인가 한곳에 자리를 잡고 정착하게 되었다. 더 이상 위험하게 사나운 짐승을 피해 다니며 먹을거리를 구하러 열매가 있는 곳을 찾아다닐 필요가 없어졌다. 좀 더 안락한 생활이 보장되자 토지가 중요해졌다. 비옥한 토지에서 인간은 필요한 농산물을 얻을 수 있었다. 굶주린 짐승과 인간 무리로부터 방어할 수 있도록 집단을 이루고 무기를 만들었고, 이들 중에 왕과 귀족이 나머지 인간을 통치했다.

　　중세 유럽은 성직자, 귀족, 평민으로 신분이 나뉘어 있었다. 이것을 'Three Estates'라 부르는데 로마제국부터 19세기까지 유럽 역사에서 시대에 따라 다른 이름으로 불렸을지라도 성직자, 귀족, 평민 신분은 계속 유지되었다. 루이 16세가 군대를 동원해 국민의회를 해산하자 바스티유 감옥을 습격하며 시작된 프랑스대혁명 전까지 성직자, 귀족, 공민이 상민회에서 만나며 Estates가 유지되었다. 고대 프랑스어 'estat'에서 나왔고 라틴어 'status'가 어원인 'estate'는 신분이나 지위, 정부라는 의미로 쓰이다가 현대에 들어서는 소유지, 재산이라는 의미로 쓰인다.

　　홍차가 유행한 영국에서는 홍차를 재배하는 토지를 'tea estate'라고 불렀고, 대규모 농장을 표현할 때도 'estate'를 썼다. 유럽 다른 나라들도 이 단어를 썼다. 대항해 시대에 미국의 토지는 영토를 넓히려는 에스파냐, 포르투갈, 영국 등의 국가가 식민지로 분할하고 있었다. 예를 들어 '레알 마드리드' 축구팀 할 때의 'real'은 '진짜'라는 의미로, 에스파냐어로는 '레알'로 읽는다고 알려져 있지만 이 단어는 원래 'royal'로, 왕실을 지칭하는 용어였다. 또 에스파냐에서는 은화를 릴real이라 불렀다.

영어 'Real Estate'가 부동산을 지칭하게 된 것은 처음 미국의 캘리포니아 지역을 차지했던 에스파냐 사람들이 부동산을 'real'로 표현했기 때문이다. 그 땅은 왕실 소유라는 뜻이었다. 그 후 캘리포니아를 점령한 영국은 부동산을 'estate'로 불렀다. 나중에 이 두 단어가 합쳐져 영어권에서는 'Real Estate'가 부동산을 지칭하는 용어로 정착했고, 일본이 이를 '부동산'으로 번역해 쓰면서 우리에게도 전해졌다.

부동산이란 결국 개인 소유가 아닌 왕실 소유라는 의미에서 유래되었다고 할 수 있다. 과거와 달리 지금은 부동산 개인 소유권이 인정되어 국가로부터 구입도 할 수 있다. 이처럼 이제 부동산은 왕실이나 국가의 것이 아닌 자기 것이라고 믿으며 살아가고 있는 사람들에게 절망적인 소식을 전하면, 여전히 부동산은 국가 소유물이란 사실이다. 부동산은 누구도 건드리지 못하는 내 고유의 순수한 자산이라 믿어도 말이다. 부동산을 매수할 때 취득세를 내야 하고 매도할 때 양도소득세를 내야 한다는 점에서 우리는 깨닫게 된다.

이뿐만 아니라 부동산을 보유하면 1년에 한 번 재산세를 납부해야 하고 주택의 가격이 일정 금액 이상일 때는 종합부동산세까지 납부해야 한다. 사고팔 때뿐만 아니라 보유만 하고 있을 때조차 세금을 내야만 하는 사물이나 자산이 얼마나 될까. 부동산은 보유하고 있다는 사실만으로도 세금을 내야 할 뿐만 아니라 세금을 내지 않으면 공매처분되어 자산을 빼앗기기도 한다.

그러므로 정부가 늘 부동산에 관심을 갖고 주시하며 각종 정책을 펼치는 것이 당연하다. 개인의 믿음(착각)과 달리 부동산 가격을 올리고 내리는 것은 전적으로 정부의 의지다. 부동산의 진짜 주인인 국가의 정부가 어떻게 하느냐에 따라 부동산 가격은 오르고 내린다. 부동산 거래를 할 때 전액 현금으로 하는 사람은 없다. 대부분 대출받아 부동산을 구입한다. 정부가 마음만 먹는다면 얼마든지 대출을 억제하거나 풀어 조절할 수 있다.

매매하는 사람도 대출을 받고 전세 사는 사람도 대출을 받는다. 이런 현실을 무시하면 안 된다. 대대로 토지와 가옥은 지켜주는 사람 것이었다. 지금도 각 국가의 정부에서 개인의 부동산을 지켜주는 것은 마찬가지다. 정부의 부동산 정책을 늘 주시하고 눈여겨보며 대처해야 하는 이유다. 정부 정책을 역행하는 사람은 주인인 국가로부터 따끔한 벌을 받는다.

부동산의 큰 흐름을 보고 싶은 사람이라면 정부의 말이나 결정 외에는 전부 의미 없다는 것을 빨리 깨달아야 한다. 정부의 의지에 반하는 모든 부동산 거래는 결국에는 전부 실패할 수밖에 없다. 짜증 나고 인정하기 싫더라도 국가가 진정한 부동산 주인이라는 걸 명심하고 부동산 전체 흐름을 봐야 한다. 이런 자각을 바탕으로 현명하게 판단해 부동산 거래를 결정해야 한다.

소득과 주택

'누구나 주택을 거래한다.' '누구나 주택을 매매하지는 않는다.' 이런 말들은 의미심장하다. 대다수 사람은 살면서 적어도 무조건 반드시 한 번은 부동산 거래를 한다. 매매, 전세, 월세. 성인이 되면 무조건 한 번은 거래하게 된다. 그러면서 사람들은 착각한다. 부동산이 전부 다 똑같다고 생각하지만 결코 그렇지 않다. 부동산마다 다르다. 범위를 좁혀 주택으로 한정하면, 누구나 부의 상징인 타워팰리스에 거주할 수 있는 건 아니다. 타워팰리스 거주자가 굳이 반지하 주택으로 이사 가 살지 않는다. 사람마다 원하는 주택이 다르고 거주 공간이 다르다. 이런 차이를 인정하지 않고 똑같은 잣대로 주택가격과 주택 크기 등을 획일적으로 판단하고 결정하면 안 된다.

표1 **소득 5분위(2인 이상 가구)**

소득	평균 소득	순자산비율	소득 비율	부채 비율
1분위	149만 원	1.7%	6.4%	4.3%
2분위	287만 원	6.0%	11.3%	10.9%
3분위	388만 원	12.1%	15.1%	15.1%
4분위	504만 원	21.2%	21.9%	23.3%
5분위	807만 원	58.9%	45.3%	46.5%

한국은행과 통계청에서는 국민소득을 5분위로 나눠 계층을 구분한다. 이런 구분은 필수적이다. 정부가 정책을 펼치거나 복지를 지원할 때 모든 국민에게 똑같이 할 수는 없다. 소득에 따라 구분하지 않으면 형평성 문제가 생긴다. 월소득이 100만 원인 사람에게 타워팰리스를 임대해줘봤자 한 달도 되지 않아 처음의 기쁨은 사라진다. 기본적으로 관리비를 비롯해 들어가는 비용을 도저히 감당할 수 없기 때문이다. 소득에 따라 구입하려는 주택은 제한될 수밖에 없다.

소득 1분위에서 5분위까지 숫자가 올라갈수록 소득이 많다. 2015년 통계청 발표에 따르면 전국 2인 이상 가구의 평균 소득은 427만 원이다. 평균 소득을 보면 1분위 149만 원, 2분위 287만 원, 3분위 388만 원, 4분위 504만 원, 5분위 807만 원이다. 1분위에 비해서 5분위가 평균 658만 원 정도 소득이 높다. 1분위와 2분위는 평균에 비해서도 278만 원과 140만 원 정도를 덜 번다. 소득에 따라 지출도 달라지고 구입할 수 있는 주택도 달라진다는 점을 기억해두자.

이 소득 5분위는 인구구조에 따라 획일적으로 소득비율을 20%씩 구분한 것이 아니다. 소득 비율을 보면 전체에서 1분위는 6.4%를 차지한다. 이런 식으로 2분위 11.3%, 3분위 15.1%, 4분위 21.9%, 5분위 45.3% 로 구분된다. 평균 149만 원 소득이 있는 1분위는 전체 소득 비율의 6.4%를 차지한다는 말이다. 4분위와 5분위를 합치면 67.2% 다. 3분위까지 합치면 82.3%로 대다수다. 우리가 흔히 말하는 중산층이 두터워져야 한다고 할 때 중산층이 넓게 볼 때 2, 3, 4분위지만 대체적으로 3, 4분위로 보면 된다.

기본적으로 소득에 따라 자산이 결정된다. 소득이 있어야 지출하고 저금하며 자산을 불릴 수 있다. 이런 자산 중에서도 순자산 비율을 보면 1분위 1.7%, 2분위 6%, 3분위 12.1%, 4분위 21.2%, 5분위 58.9% 다. 5분위가 순자산이 가장 많다는 것은 직관적으로도 이해된다. 1분위는 순자산이 실질적으로 거의 없다고 할 정도다. 소득 비율에 비해 순자산비율이 5분위가 훨씬 더 높다. 1분위는 일을 하여 소득이 발생하자마자 지출하면 남는 돈이 없어 순자산이 적을 수밖에 없다.

부채비율을 보면 1분위 4.3%, 2분위 10.9%, 3분위 15.1%, 4분위 23.3%, 5분위 46.5%다. 생각보다 1분위가 부채가 적다고 생각하겠지만 이 구분은 비율이기 때문에 5분위 부채가 1분위에 비해 부채 금액이 많지만 전체 자산에서 부채 비율은 적다는 의미다. 매월 149만 원 소득이 있는 1분위가 받을 수 있는 부채는 한계가 있다. 입장을 바꿔 1분위와 5분위가 돈을 빌려 달라고 할 때 누구에게 대출해줄 것인가. 또한 누구에게 보다 많은 금액을 빌려주겠는가. 5분위가 전체 부채비율에서 가장 큰 비중을 차지하는 이유다. 100억 자산가가 자산의 10%만 대출을 받아도 무려 10억이다. 역설적으로 돈을 많이 벌면 더 많이 빌릴 수 있다. 은행 입장에서는 빌려주지 못해서 안달이다.

주택을 바라보는 관점에서 개인소득은 중요하다. 모두들 아파트가

제일 좋다고 아무리 외쳐도 아파트에 입주하지 못하는 사람이 있다. 아파트가 편리하다고 해도 사생활 보호를 위해 고급빌라에 입주하는 사람도 있다. 2010년 통계청에서 발표한 인구주택총조사 결과에 따르면 주택 유형 중 아파트는 대략 60%를 차지한다. 아파트는 주로 2, 3분위부터 입주한다. 어떤 지역 아파트인가에 따라 입주하는 분위는 구분되어도 대체적으로 2, 3분위부터 입주하는 게 보통이다. 아파트는 한국의 대표적인 주택으로 대부분이 선호하는 주택 유형이다. 각종 편의시설이 구비된 아파트를 사람들이 선호하는 것은 지극히 당연하다. 1, 2분위는 능력이 부족하기 때문에, 5분위는 주상복합을 선호하기 때문에 아파트에 살지 않는다. 이처럼 소득에 따라 거주하는 공간은 달라진다.

한국 주택보급률은 2002년에 100.6%를 넘긴 후 2014년 기준으로 118.1%다. 보급률은 1인 가구를 포함한 전국 일반 가구 수 대비 비율이다. 전국 가구 수에 비해 주택이 훨씬 많다는 의미다. 서울은 2014년 기준으로 103.8%로 전국 평균에 비해서 낮다. 주택보급률보다 더 중요한 것은 자가 주택 보유율이다. 전체 가구 중 가구 소유의 집에서 사는 가구의 비율을 말하는 것인데 국토교통부 통계에 따르면 2010년 현재 54.2%에 그쳤다. 영국은 2010년 70%, 미국은 2011년 66.4%, 일본은 2008년 61.2%로 자가 주택 보유율을 보였다.

1분위에서 5분위까지 전부 주택 소유 욕구는 갖고 있지만 누구나 주택을 소유할 수는 없다. 1분위와 2분위는 주택을 소유하지 못하고 대부분 전세나 월세로 거주한다. 누구의 것도 아닐 때는 자신의 이익만 추구하는 '공유지의 비극' 사례처럼 인간은 내 것이 아닐 때는 자신의 것처럼 사용하지 않는다. 임차인들이 아무리 노력해도 자가 보유 소유

자만큼 주택을 아끼지는 않는다. 이 중에서도 1분위가 거주하는 주택은 거의 대부분 소유주가 거주하지 않고 임차인만 거주한다. 필연적으로 시간이 갈수록 주택에 거주하는 임차인들의 불평불만이 나오게 된다. 그 결과로 그들은 이주를 고려한다.

이런 식으로 소득에 따른 주택 보유와 거주는 다르다. 또 소득에 따라 원하고 거주하는 주택이 다르다. 무조건 부동산이라는 잣대로 똑같이 바라보면 안 되는 이유다. 주택도 1분위에서부터 5분위까지 각각 선호하는 주택이 다르다. 다시 자세히 서술하겠지만 5분위가 거주하는 주택에 5분위가 무한정 거주하지 않는다. 1분위가 거주하는 주택에 1분위가 무한정 거주하는 것도 아니다.

소득 분위에 따라 거주하는 주택이 달라 이들에게 맞는 정책과 복지 혜택을 펴야 한다. 주택이라고 다 똑같지 않다는 것을 꼭 기억해야 한다. 자본주의 사회에서 의식주를 해결하기 위해서는 기본적으로 소득이 있어야 한다. 소득에 따라 주택 구입도 달라진다는 개념은 지극히 당연하지만 잊기 쉽다.

부동산을 설명하는 이 책에서 소득 부분에 대한 개념을 먼저 설명한 것은 주택가격 변화 추이를 예측하는 데 꼭 알아둬야 할 부분이기 때문이다. 이 소득 5분위는 단지 부동산뿐만 아니라 사회현상과 세상을 바라보는 관점을 얻는 데 무척 중요하다. 이 소득 5분위만 확실히 기억한다면 어제와 다른 세상이 눈앞에 펼쳐질 것이다.

주택이 사라진다

미국은 전 세계의 용광로다. 세계 각지의 인재들이 미국에 모여든다. 그중에서도 뉴욕은 세계 속의 세계라고 불릴 정도로 온갖 인종의 집합소다. 뉴욕 맨해튼은 세계 금융 중심인 월가와 문화와 관광 중심 역할을 하는 브로드웨이가 있다. 이뿐만 아니라 UN도 위치하고 있어 뉴욕은 외교 중심지이기도 하다. 뉴욕은 실질적으로 미국 그 자체를 상징한다. 부동산 가격도 상상을 초월한다. 세계의 중심답게 평당 10억 원을 호가하는 주택도 있다.

맨해튼 센트럴파크 근처에 독립혁명 당시 조지 워싱턴이 전투를 치른 곳이 있다. 1880년대에 백인들이 이곳에 들어와 아파트에 정착해 살았다. 중산층의 상징처럼 이 아파트에 살았지만 얼마 지나지 않아 경제공황으로 임대가 되지 않자 흑인들이 입주하기 시작했다. 이후부터 흑인들과 함께 살지 않으려는 백인들이 빠져나갔다. 2차 세계대전 이후에 미국 남부의 흑인과 푸에르토리코인이 많이 살기 시작하면서 슬럼화가 가속되었다. 이곳은 바로 할렘이다. 현재 할렘은 빈민가의 대명사가 되었다. 미국에서도 할렘 출신이 성공하면 경이로운 눈초리로 바라본다. 우범지대인 할렘은 뉴욕에서도 골치지만 쉽게 없애지도 못한다. 수많은 사람들이 새롭게 이주할 거주 공간이 없기 때문이다.

1960년대 중반 서울에 무허가 주택은 전체의 38%를 차지했다. 서울시는 이들을 강제 철거하려 했다. 트럭에서 완장을 찬 철거반이 내리면 인정사정없이 무자비하게 쫓아내는 것에 그치지 않고 해머를 들고 집을 때려 부쉈다. 이들은 인근 지역으로 옮겨 무허가 주택을 짓고 살았다. 이에 정부는 경기도 광주군(지금의 성남)에 대규모 택지를 조성하여 35만 명의 서울 빈민에게 이주할 것을 제안한다. 총 15만 명의 빈민이 서울로 다시 이주하지 않겠다는 서약서를 쓰고 경기도 광주로 이주한다. 이후 여러 우여곡절을 겪으며 이주했던 서울 빈민 중 일부는 다시 서울로 복귀하고 일부는 계속 살게 되었다.

미생물이나 효모가 유기물을 분해하는 걸 발효라고 한다. 이처럼 우리 실생활에 유용하게 쓸 수 있는 물질이 만들어지면 발효라 표현하고 악취가 나고 유해한 물질이 만들어지면 부패라고 표현한다. 우리가 살고 있는 주택에도 발효와 부패가 발생한다. 2015년에 아파트 재건축 연한이 40년에서 30년으로 단축되었는데 주택을 다시 지으려면 건축한 지 30년이 되어야 한다는 의미다. 과거에는 튼튼하게 짓기보다는 빨리 짓는 걸 우선시했다. 제대로 된 골조공사와 건축자재로 지은 아파트가 아니라 오래전 아파트는 40년 정도 되면 발효 또는 부패한다.

서울 서대문구 냉천동에는 드라마와 영화 명소가 있다. 이곳에 드라마 〈시티헌터〉에서 박민영이 거주하는 아파트가 있다. 1971년 6월에 준공한 첫 신식 아파트인 금화시범아파트이다. 화장실이 집 밖에 있는 게 아니라 집 안에 화장실과 연탄 창고가 달려 있었다. 올해로 44년 된 아파트로 2007년 7월 안전진단 최하위 '재난 위험 시설 E등급'을 받아 주민 긴급 대피명령이 내려졌고 8년 만인 2015년 8월 3일부터 철거가 시작되어 9월 20일에 완전히 사라졌다.

44년 전이나 지금이나 아파트는 중산층이 선호하는 주택이다. 미국 할렘 지역을 보거나 한국 지역을 보더라도 주택은 시간이 지나면 점점 노후화가 진행된다. 처음부터 5분위가 거주하는 주택도 있고 3, 4분위가 거주하는 주택도 있다. 시간이 지나면 5분위는 새로운 주택을 찾아간다. 5분위가 살던 곳을 3, 4분위가 들어가 살고 3, 4분위가 살던 주택에 1, 2분위가 거주하게 된다. 최종적으로 1, 2분위가 거주할 때가 되면 대부분 자가 보유하기보다는 다주택자들이 소요하면서 임대를 놓게 된다. 좀 더 확실하고도 빨리 임대를 놓기 위해 내부 리모델링을 다시 해서 발효 진행을 늦춰준다.

1, 2분위가 사는 주택도 이렇게 다주택자들이 보유하며 보다 좋은 조건으로 공급하려는 노력을 소홀히 하지 않는다. 이들이 만기가 되어 이사하고 나면 도배, 장판 등을 다시 해서 주택 연한을 늘린다. 지속적으로 발효를 늦추며 거주할 수 있는 공간으로 유지되지만 '금화시범아파트'처럼 건물 자체가 갖고 있는 발효를 늦추는 것은 한계가 있다. 발효가 진행되며 서서히 임차인뿐만 아니라 소유주도 포기하게 된다. 이사할 여유도 없는 임차인이 살아가는 주택은 국가에서 구입해 저렴하게 내놓기도 한다. 대부분 이런 발효기간은 건물이 갖고 있는 강도

에 따라 시차는 존재하지만 결국에는 벌어질 일이다.

시간이 지나 주택이 발효되어 부패가 진행되면 재건축과 재개발로 재창조가 된다. 기존 아파트 단지나 노후화가 급격히 진행된 주택은 재건축으로 아파트를 새롭게 건설한다. 반면에 난개발로 우후죽순처럼 여기저기 지어진 주택이 산재해 있는 지역은 국가 차원에서 재개발로 새롭게 재탄생시킨다. 그렇게 뉴타운이라는 신선한 발상이 도입되어 1분위부터 4분위까지 자산이 늘어날 것이라는 기대를 갖고 부패된 주택을 없애고 아파트를 뚝딱 건설해 모두가 행복한 나라가 될 것이라 믿었다. 그런데 예측과 달리 추가 부담금을 내도 불입한 금액 이상으로 주택가격이 올라가지 않을 수도 있다는 불안감 때문에 재건축, 재개발로 불리는 뉴타운마저도 전면 중단하게 되었다.

4, 5분위가 살던 주택은 추가 부담금을 지불하고 새롭게 아파트를 건설해도 지장이 없지만 3분위부터는 감당할 수 없게 되었다. 현재 대부분 지역의 재건축과 재개발은 이런 이유로 전면 중단되거나 자체적으로 보류되었다. 아무리 기술이 발달하고 건설 자재가 튼튼해져도 주택의 발효 자체를 막을 수는 없다. 특히 이미 30년 이상 된 주택들은 노후화가 계속되면 한국형 할렘이 될 수밖에 없다. 얼마 전까지만 해도 노후화된 주택에 살고 있는 사람을 내쫓고 새로 건설할 수 있었지만 관련법이 엄격해지고 인권 문제가 대두되면서 쉽게 추진하고 건설할 수 없게 되었다.

전 세계적인 양극화는 주택에도 발생한다. 주택을 구입하고 거주하는 분위는 3분위부터다. 1, 2분위는 주택 구입에 대해 관심은 있되 능력이 안 된다. 더구나 1, 2분위가 주택 구입 능력이 되면 1, 2분위가 거주하는 주택을 구입하기보다는 3분위가 살고 있는 주택에 임차인으로 들어간다. 1, 2분위가 살고 있는 주택은 점점 사람들이 기피한다. 점점 공실이 생기지만 한두 채 공실 난 것으로는 주택을 멸실시키고 신규 건축할 수 없다.

겨우겨우 이주를 시켜도 사업이 진행되는 것이 쉽지 않다. 인천 서구 가정동에는 10년이 넘도록 재개발이 진행되지 못하고 을씨년스럽게 방치된 곳이 있다. 이미 모든 거주민의 이주가 끝났지만 새롭게 삽을 뜨지 못한 채 건물과 주택이 흉물스럽게 남아 있다. 그곳을 지나가면 사람은커녕 개나 고양이도 없다. 발효를 넘어 부패가 되었지만 사업성이 부족하다 보니 몇 년째 방치되어 있다. 각 건물에는 반대한다는 글씨가 벽에 스프레이로 써 있어 등골이 서늘할 때도 있다.

서울 관악구 조원동에 강남아파트가 있다. 2001년 5월 재난 위험 시설 D급 판정을 받았다. 콘크리트가 삭고 철골 구조물이 외부로 노출되고 아파트 밖 대로변 인도로 콘크리트가 떨어져내릴 위험이 있어서 이를 막기 위해 인도 위에 낙석 방지 구조물을 세워두었다. 1974년에 준공한 건물로 조합과 시공사가 법정 소송까지 벌였다. 아파트 벽에는 '조합은 각성하라. 주민들은 피눈물 난다'라고 적은 글씨가 빨간 스프레이로 써 있지만 아직 거주민들이 남아 있다. 더 이상 버티지 못한 소유주는 일부 아파트를 부동산 경매로 내놓기도 했다. 인근에 벤처 단지가 조성되어 화려한 건물이 새롭게 건설되고 저녁이면 퇴근한 직장인들이 술 한잔에 피로를 풀며 들썩들썩하지만 강남아파트에는 컴컴한 어둠만 존재한다.

건물을 비롯한 주택은 인간과 마찬가지로 무한하지 않다. 시간이 지나면 노후화와 함께 발효를 거쳐 부패하며 그 수명을 다한다. 그 주택에서 한 명 두 명 빠져나가 공실이 발생하고 아무도 살지 않게 된다.

재건축을 하고 싶어도 사업성이 없으면 방치된다. 3, 4분위가 투자해 발효를 막는 것도 한계가 온다. 1, 2분위는 점점 그곳에서 탈출한다. 거주할 주택은 그렇게 점점 사라진다.

부동산의 실제 가격

조선시대 한명회가 노년을 보낸 정자에서 유래한 압구정동은 1970년대에는 온통 과수원과 채소밭이었다. 원래는 현대건설이 경부고속도로를 건설하며 한강변 모래밭에 외국에서 수입한 장비를 보관하던 땅이었다. 제3한강교가 놓인 뒤 압구정은 강남을 진입하는 요지가 되었다. 1975년 정부의 인구 분산 정책에 따라 압구정 현대아파트를 건설했다. 현대건설이 짓는다는 믿음과 강남의 아파트 열풍에 힘입어 중산층이 몰려들었다. 1977년 현대그룹 계열 직원에게 분양하기로 한 걸 사회 고위층에게 특혜 분양을 할 정도로 명품 아파트로 인기를 끌었다.

지금도 압구정 현대아파트는 전통적인 부자들이 많이 거주하며 유명 연예인, 고위관리, 법조인 들이 살고 있다. 신규 아파트와 주상복합 아파트가 생겨나면서 과거처럼은 선호되지 못해도 여전히 거주하고 싶은 아파트로 명성이 드높다. 아파트 가격도 어지간한 대기업 중견 간부 연봉으로도 쉽게 거주할 수 없는 가격이다. 어마어마하게 비싼 압구정 현대아파트는 도대체 얼마나 많이 올라간 것일까.

　온 국민의 지대한 관심사와 성대하게 성공적으로 서울올림픽이 축제로 끝난 1988년 이후 2년이 지난 1990년 11월 압구정 현대아파트에서 가장 작은 평형인 35평형 가격은 3억 3,000만 원이었다. 그로부터 약 25년이 지난 2015년 9월 현재 최하 평형은 16억 원에 거래되고 있다. 25년 동안 약 485%가 올랐다. 이런 정도로 가격이 상승하다니, 한국에서 최고의 투자처로 손색없다는 소리가 들렸다. 지금까지 부동산 투자로 실패한 적이 없다는 이야기는 허언이 아닐 듯싶다.

　현재 가장 비싼 아파트는 대부분 주상복합 아파트이다. 부의 상징으로 불리는 '타워팰리스'는 2002년 완공되었는데, 3.3㎡당 공사비가 500만 원 들었다. 원래 삼성그룹 본사를 지으려고 했으나 IMF 구제금융이 시작되면서 주상복합 건물을 건설했다. 분양 당시에 미분양이 나 회사 임직원들이 분양을 받아야 할 때도 있었지만 분양이 완료된 후에는 우리가 익히 알고 있는 것처럼 강남에서도 가장 비싼 주택으로 선망의 대상이 되었다.

　여전히 부의 상징으로 대표되는 타워팰리스 3차 주상복합 아파트 중에 전용면적이 가장 넓은 186.6㎡는 KB금융 부동산 시세를 집계하기 시작한 2010년 1월 평균 시세가 27억 원이었다. 일반인은 엄두도 내지 못할 가격에 거래되고 있다는 걸 확인할 수 있다. 전용년석 186.6㎡형은 28억까지 오르기도 했지만 그 이후로 더 이상 오르지 않고 점점 떨어지기 시작해서 2015년 8월에 23억 2,500만 원까지 떨어졌다. 일반인이 매수하기에는 여전히 가격이 높지만 거의 5억이나 떨어져 거주민은 입맛이 쓸 것이다.

부동산 가격은 여전히 높고, 그러니 향후에는 떨어질 수밖에 없다고 주장하는 사람들에게 압구정동 현대아파트나 타워팰리스의 가격은 인정하기 싫을 것이다. 그러나 거품이 잔뜩 낀 가격을 감당할 사람은 더 이상 없을 것이라 단언한다. 타워팰리스처럼 가격이 떨어진 곳도 있지만 부동산 가격이 전반적으로 올랐다는 걸 부정할 사람은 없다. 무려 485% 수익률을 보인 압구정동 현대아파트를 보더라도 부동산만큼 확실히 자산을 안전하게 지켜주는 것도 없다는 판단이 든다.

세상을 바라보는 관점은 다양하다. 부동산도 경제의 한 축이다. 경제를 바라볼 때 반드시 기억하고 명심해야 할 것은 물가상승률이다. 아무리 수익률이 뛰어나도 물가상승률을 넘지 않는 수익률은 의미 없다. 투자 수익률이 10% 났다고 좋아해도 물가상승률이 11%면 실질적인 투자 수익률은 마이너스 1%나 마찬가지다. 명목상의 수익률이 아닌 물가상승률을 감안한 실질 수익률이 중요한 이유다.

압구정동 현대아파트만 25년 동안 무려 485% 오른 것일까. 공정하고 정확한 비교대상으로 우리 실생활에서 가장 친숙하고 일반 대중이 매일같이 지출하는 대중 교통비를 예로 들어보겠다. 1991년 서울시 시내버스 요금은 170원이었다. 당시에는 지금과 달리 교통카드가 아닌 토큰을 사용했는데 외국인들이 신기해하며 토큰 구멍으로 하늘을 바라보기도 했다. 그 토큰의 가격이 170원이었는데 2015년 8월 현재 서울시 일반 간지선 버스 요금은 1,200원이므로 무려 705.9%나 상승한 것이다.

그토록 비싸다는 압구정동 현대아파트 가격이 485% 오를 동안 우

리 생활에 없어서는 안 될 버스 요금은 무려 705.9%나 올랐다. 그뿐
아니라 압구정동 현대아파트처럼 가격이 비싼 광역버스는 2,300원으
로 1991년 170원에 비해 1,352.9%나 되는 폭발적인 상승을 기록했
다. 부동산에 투자하는 것이 최고라고 믿었던 사람에게 이런 사실은
믿기 힘든 현실이다.

　우리 실생활에서 전혀 인식하지 못했던 대중교통이 25년 동안 부촌
인 압구정동 현대아파트에 비해 무려 220.9%나 더 올랐다. 즉 4배 이
상 더 올랐다. 1990년에서 2015년까지 매년 19.4% 오른 압구정동 현
대아파트에 비해 대중교통은 1991년에서 2015년까지 29.41%씩 올랐
다. 광역버스로 기준을 달리하면 매년 무려 56.4%가 올랐다. 만약 투
자자가 대중교통에 투자할 수 있었다면 부동산보다 훨씬 더 성공한
투자자로 명성을 떨쳤을 것이다. 하찮은 대중교통 요금이 이토록 엄청
난 수익률을 기록할 수 있었던 것은 물가상승률이라는 괴물 때문이다.

　영화 〈인터스텔라〉에는 특이한 행성이 나온다. 지구보다 중력이 큰
행성이다. 이 행성에 지구를 위기에서 구할 과학자가 파견되어 생존을
확인해야 했다. 문제는 지구와 중력이 달라 이 행성에서 1시간은 지구
의 7년에 해당되었다. 시간이 지체되는 만큼 지구의 시간이 무섭도록
빠르게 지나간다. 모험을 걸고 행성에 들어갔지만 뜻하지 않은 사고
로 무려 3시간이 지나 다시 인듀어런스호로 돌아왔을 때 동료는 어느
덧 23년이 흘러 흰머리가 나 있었다. 우리가 전혀 인식하지 못한 중력
이 얼마나 우리 삶에 큰 영향을 미치는지 깨닫게 해준다.

　물가상승률은 중력과 같다. 아무리 뛰어난 수익률을 자랑해도 어디
까지나 명목상의 수익률이고 명목상의 가격 상승일 뿐이다. 물가상승
률을 감안한 수익률을 파악하지 못하면 허상에 속게 된다. 물가상승

률은 수익률을 갉아먹는 괴물이다. 물가상승률을 뛰어넘지 못하는 수익률이 무의미한 이유다. 물가상승률은 대체적으로 경제가 좋을 때 높고 안 좋을 때 낮게 나타난다. 경제성장이 높게 진행될 때 물가상승률도 높고 경제성장이 늦을 때는 물가상승률도 낮다.

한국 물가상승률을 보면 1990년에 소비자물가는 8.6%였고 1991년에는 9.3%가 될 정도로 높았다. 소비자물가는 지속적으로 떨어져서 2000년대 들어 2001년 4.1%에서 2008년 4.7%로 정점을 친후 2014년에는 1.3% 정도에 머물고 있다. 부동산과 연관되어 있는 집세는 1990년에 11%, 1991년에 13.2%로 가장 높게 상승했다. 그 이후 1992년대에 7.6%로 떨어지기 시작해서 1999년에 4.1%나 떨어졌다. 2000년대 들어 2002년에 5.7% 올랐지만 2005년에는 -0.2%가 될 정도로 롤로코스터를 탔다. 2000년 후반 2% 미만에서 움직이던 집세는 2011년 4%로 다시 오른 후 2014년 2.3% 정도를 보이고 있다.

개별 자산이 올랐다 내리며 등락을 거듭해도 물가상승률은 마이너스가 된 적이 없다. 그만큼 한국 경제가 지속적으로 성장했다는 의미가 된다. 이런 비교 없이 단순하게 명목상 부동산 가격만 올랐다고 착각하면 허상과 같은 숫자 함정에 빠지기 쉽다. 부동산은 경제의 한 축이다. 부동산만 독립적으로 움직일 수 있는 자산이 아니다. 여러 상황을 다각도로 감안해야 한다. 주택의 수요 공급과 상관없이 IMF 구제금융 시기와 세계 금융위기 때 주택가격이 폭락한 것을 우리는 지켜봤다. 지금까지 부동산을 본격적으로 설명하기 전에 크게 관련이 없어 보여도 반드시 기억하고 유념해야 할 개념을 설명했다. 본격적으로 부동산 이야기로 들어가보자.

부동산에 대해 알아야 할 것들

토지와 가옥으로 구분되었던 부동산은 일제강점기 때 일제가 Real Estate를 부동산으로 번역하면서 한국에서도 이를 받아들여 지금까지 써 왔다. 부동산은 처음부터 국가 소유였다. 국가에서 잠시 개인에게 대여했다는 개념이 맞다. 그런데 인간에게 주택은 반드시 필요하다. 농경사회가 되면서 정주가 시작되었다. 일정한 거처에서 숙식하게 되자 온갖 짐승과 자연재해를 피할 공간인 주택이 필요했고 외부의 적으로부터 보호해줄 군인을 거느린 왕과 귀족 밑에 귀속되었다.

소득을 5분위로 구분했을 때 각 분위마다 거주하는 주택이 다르다. 각각의 소득 대비 거주한다. 1분위가 5분위 주택에 살지 않고 5분위가 1분위 주택에 살지 않는다. 2010년 통계청에서 발표한 인구주택총조사 결과에 따르면 한국인의 60%가 아파트에 거주한다. 대체적으로 아파트는 2, 3분위부터 입주한다. 현재 주택보급률은 2014년 기준 118.1%였지만 자가 주택 보유율은 54.2%밖에 되지 않는다. 몇 분위에 속하느냐에 따라 거주하는 주택이 다르다는 것은 주택가격에도 영향을 미치고 향후 주택의 미래에도 큰 영향을 미친다.

'빨리빨리' 문화가 성행했던 과거에는 지금보다 더 빠른 속도로 주택이 지어지겠니. 2015년에는 재건축 연한을 00년으로 단축했다. 건축한 지 30년이 넘으면 거주가 힘든 주택들이 나오기 시작한다. 1970년에 건설된 아파트와 주택은 현재 안전진단을 통과하지 못해 주민 대피 후 철거가 진행되고 있다. 3, 4, 5분위가 거주하는 주택은 그나마 재건축이 진행되지만 1, 2분위가 거주하는 주택은 빠른 속도로 공실이 증가하며 주택이 사라지고 있다. 이는 도시 중심지에서 벌어지는 현상이다.

건축한 지 오래되었고 비교 대상으로 삼기 쉬운 압구정동 현대아파트 35평형은 1990년 11월 3억 3,000만 원에서 2015년 9월 16억 원으로 가격이 485% 올랐다. 하지만 우리 실생활에서 항상 이용하는 버스 요금은 1991년에 170원에서 2015년 8월 현재 1,200원으로 705.9%나 올랐다. 압구정동 현대아파트를 투자 목적으로 구입하지 말고 버스 요금에 투자할 수 있었다면 훨씬 더 큰 투자 수익률을 볼 수 있었을 것이다. 명목상 상승이 아닌 실질상승으로 따져볼 때 부동산 가격은 생각보다 그리 오른 것이 아니다.

소득에 따라 거주하는 주택이 달라진다는 사실을 먼저 알아야 한다. 부동산의 실제 주인은 내가 아니라 국가라는 사실도 인지하고 있어야 한다. 현재 시간이 지날수록 주택이 하나둘씩 사라지고 있다는 사실도 파악해야 한다. 물가상승률을 감안한 부동산 가격도 직시해야 한다. 이렇게 부동산은 미리에 알아두어야 할 것들이 많다. 단순히 부동산 가격만 봐서는 큰 그림을 볼 줄 모르게 된다.

2장

공급과
수요

주택이 필요한 사람들

　예전부터 결혼에 드는 혼수 비용이 사회문제가 되었다. 남자와 여자가 만나 서로 사랑하기에 더 이상 떨어지기 싫어서 하는 것이 결혼이라 하겠지만 한국에서 결혼은 결국 가족과 가족의 결합이었다. 결혼을 앞둔 남성은 고민이 커진다. 자신의 힘만으로 결혼하는 것은 만만치 않은 일이다. 이것은 남성만이 아닌 여성에게도 해당된다. 부모에게 손 벌릴 수밖에 없는 현실이다.

　지난 2008년 통계청에서 결혼할 때 부모에게 결혼 비용을 지원받는지 조사를 했다. 부모가 전적으로 지원한다고 대답한 경우는 전체에서 9.5%였고, 부모가 일부 지원한다고 대답한 경우는 79.3%였다. 부모가 전혀 지원하지 않는다고 대답한 경우는 11.3%나 되었다. 전체 가운데 88.8%가 부모의 지원을 받았다. 2012년 다시 조사를 했다. 전체에서 부모가 전적으로 지원하는 경우는 5.64%이고 부모가 일부 지원하는 경우는 69.17%, 지원하지 않는 경우는 25.19%였다. 결혼하는 커플 중에 부모의 지원을 받는 비율은 74.81%다.

과거에 비해 부모에게 지원받는 경우가 많이 줄었지만 여전히 부모에게 지원받는 비율은 높다. 예전보다 비율이 줄어든 만큼, 아들딸이 부모에게 도움을 요청해도 부모가 도와줄 여력이 되지 않는다며 거절하는 경우도 있다. 과거에는 집안끼리 혼수와 예단을 두고 서로 승강이를 하며 파혼하는 경우도 있었다면 이제는 집안 내에서 혼수 비용을 비롯한 결혼 비용으로 부모 자녀 간 다툼이 발생하고 있는 것으로 뉴스에 등장한다.

결혼 비용이 없어 결혼하지 못한다고 외치는 미혼 남녀들도 있지만 통계에서 알 수 있듯이 대다수의 미혼 남녀는 본인 힘으로 결혼 비용을 마련하는 것이 아니라 전부든 일부든 부모의 도움을 받고 있는 것으로 나온다. 이들은 무조건 주택이 필요하다. 각자 살아온 두 사람이 만나 결혼함과 동시에 함께 살 주택이 필요하다. 이들 중에는 결혼 전에 동거하며 함께 살아온 주택이 있는 경우도 있지만 대부분 같이 살지 않았다. 부모와 살았거나 혼자 살았다. 둘이 함께 살 주택이 반드시 필요하다. 2000년 무렵에는 남성의 경우 30세 전후에 결혼했다. 2010년대 들어 남성은 35세 전후로 결혼 적령기가 늦춰졌다. 이들에게는 반드시 살 집이 필요하다.

통계청에서 발표한 자료에 따르면 1980년대는 1년에 약 40만 건의 혼인 신고가 있었다. 1996년에 약 43만 건으로 혼인 건수가 최대에 이른 후 지속적으로 줄었다. 2000년대의 혼인 건수는 최소 30만 건 이상이었다. 2010년대 들어서도 해마다 등락은 있었을지라도 매해 꾸준히 약 30만 쌍이 새로이 결혼을 했다. 공식적으로 혼인 신고를 한 사례만 집계한 결과이므로 동거하거나 혼인 신고 없이 살고 있는 결혼한 신혼 부부까지 합치면 실제 혼인한 건수는 좀 더 늘어난다.

결혼해서 행복하게 오래 함께 살면 좋지만 그렇지 못한 부부도 있다. 성격 차이 등 다양한 이유로 이혼한다. 과거에는 서로 안 맞는 면이 있어도 서로 맞춰가며 꾹 참아가면서 다른 사람들의 시선을 의식하며 살았다. 이혼한 사람에 대한 사회의 시선이 곱지 않아 이혼만은 피하고자 서로 각방을 쓰며 생활했다. 이혼을 바라보는 부정적인 시각이 완전히 사라진 것은 아니지만 과거에 비해 이혼을 선택해 각자 삶을 살아가는 사람들이 많이 늘었다.

이혼율은 꾸준히 늘었다. 1970년대 1만 건에서 1990년까지 5만 건까지 완만하게 늘던 이혼율은 1990년대 들어 폭발적으로 증가했다. 1990년에 약 5만 건에서 2000년에는 약 11만 건으로 2배 이상 증가했다. 2003년에 약 16만 건으로 정점을 친 후 매년 이혼 건수는 등락을 거듭하며 점점 줄어들어 2010년대에는 약 11만 건으로 유지되고 있다.

부부가 이혼을 하면 2인 가구부터 5인 가구까지 살던 식구들이 뿔뿔이 흩어지게 된다. 각자 부모 집으로 돌아가는 선택을 할 수도 있지만 대체적으로 새로운 가구로 독립해 살아간다. 이들에게도 반드시 주택이 필요하다. 필요 거주 공간이 줄어들 수는 있어도 새로운 주택이 필요하다. 이혼 건수가 매년 11만 건이나 된다면 필연적으로 1건당 2가구가 발생한다. 원래 살던 곳에 사는 가구도 있고, 본가에 들어가는 가구도 있겠지만 이혼 건수만큼 최소한 11만 건의 새로운 가구가 생기

표2 혼인 건수 및 조혼인율 추이

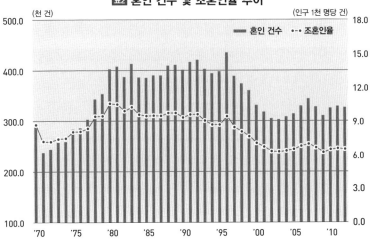

* 출처 : 통계청

표3 이혼건수 및 조이혼율 추이

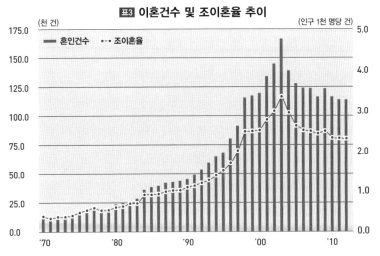

* 출처 : 통계청

며 그만큼 주택이 꼭 있어야 한다.

혼인 건수가 매년 30만 건이고 이혼 건수가 매년 11만 건이다. 이 둘을 합치면 매해 새롭게 필요한 주택은 약 41만 건이다. 물론 이들에게 필요한 주택이 신규로 건설한 주택일 필요는 없다. 신축 건물이든 그렇지 않든 해마다 41만 건의 주택 수요가 있다는 점이 중요하다. 작년까지 없던 새로운 주택 수요가 시장에 생기면 주택 부족 현상 때문에 주택가격은 얼마든지 변할 수 있다.

만약 100가구가 있는데 이 가구들이 살 수 있는 주택의 수가 110개라면 이런 상황에서는 아무런 문제가 생기지 않는다. 가구 숫자에 비해 거주할 수 있는 주택이 더 많기에 각 가구는 안정적으로 이사를 할 수 있다. 하지만 100가구 중에 새롭게 결혼을 하고 이혼을 하는 가구가 생기면 어제까지 없었던 수요가 생겨나 기존에 살던 주택이 아닌 새로운 주택이 필요하다. 결혼과 이혼 건수가 11건이 생긴다면 거주할 수 있는 주택은 110개이고 총 가구 수는 111가구가 되므로 1가구는 살 주택이 없는 셈이다. 이처럼 주택에 대한 새로운 수요가 발생한다.

결혼을 앞둔 예비 신혼부부들에게는 주택을 구입할 여력이 없다. 인터넷 기사에는 결혼을 하고 싶어도 주택을 구입할 자금이 없어 결혼할 수 없다는 자조적인 댓글이 달린다. 자신들은 돈이 없고 자기들 부모 세대만 돈을 갖고 있다고 말한다. 이런 현상이 최근에 유독 두드러진 것은 아니다. 전통적으로 한국에서 결혼할 때 신랑은 주택을 마련하고 신부는 그 외에 혼수를 준비했다. 이것은 과거부터 지금까지 변하지 않았다.

대부분 신랑이 주택을 준비한다. 결혼연령이 높아져 남성의 평균 결혼연령이 35세 전후가 되었는데, 여전히 주택을 본인 힘으로 마련하기는 힘들다. 이런 이유로 한국에서는 대부분 아들이 결혼할 때 부모가 주택 장만을 도와준다. 형편이 되면 주택 구입 비용을 지원하고 좀 힘들어도 전세 자금 정도는 마련해준다. 부모의 도움을 받지 못할 만큼 형편이 몹시 좋지 않을 경우 결혼을 안 하면 안 했지 집 없이 살 수는 없다. 적어도 해마다 약 30만 건의 혼인 건수가 발생하니 주택은 반드시 필요하다.

흔히 생각하는 것처럼 주택 수요가 없는 것이 아니라 매년 발생하고 있다. 이사 수요뿐만 아니라 새롭게 주택이 필요한 수요가 결혼으로 약 30만 건, 이혼으로 약 11만 건을 합치면 대략 41만 가구가 새로 주택이 필요한 상황이다. 결혼하고 이혼한 커플이 직접 신고한 기록을 가지고 통계청에서 발표한 자료이므로 의심할 여지가 없다.

반드시 기억해야 한다. 인정하든 않든 해마다 거의 예외 없이 총 30만 건의 결혼과 11만 건의 이혼을 통해 약 41만 가구가 주택이 필요하다. 이들이 들어가 살 주택은 반드시 있어야 한다. 제일 선호하는 신규 분양 주택부터 월세 주택까지 각자 형편에 따라 필요한 주택의 규모와 가격은 달라도 일단 주택이 없으면 안 된다.

단지 이뿐만 아니라 주택 수요에 영향을 미치는 또 다른 요소가 있다. 이제 수요를 자극하는 공실과 멸실에 대해 알아보자.

아무도 살지 않는 주택

　멸망하여 사라진다는 뜻의 멸실 주택은 건물이 소실 또는 파괴된 부동산을 지칭한다. 이에 따라 건축물대장마저도 말소된다. 주택이 없으니 멸실된 주택에서는 이제 그 누구도 살지 않는 것이다.

　1990년 전후에 주택 200만 가구 5개년건설계획이 시작되면서 서울지의 주택이 1988년부터 1992년까지 12만 가구나 멸실되었다. 서울시 발표에 따르면 이 기간 동안 완공된 주택이 45만 5,432가구, 멸실 주택이 12만 5,865가구로 나타나 신축 주택 수의 27.6%에 해당하는 가구가 사라진 것으로 나왔다. 같은 기간 준공된 주택의 72.4%에 해당하는 32만 9,567가구가 순수하게 늘어났으며 주택보급률도 1987년 말 58.8%에서 1992년 9월 말 63.9%로 5.1%p 오르는 데 그쳤다.

멸실률이 높아졌던 1992년 서울시에서는 나대지 주택 건설이 한계에 도달하자 기존 주택을 헐어 택지화하는 재개발, 재건축 방식의 신축이 늘어났기 때문이라고 설명했다. 택지 사정을 감안할 때 멸실률은 더욱 빠른 속도로 늘어날 것이라고 당시에 예측했었다. 주택 200만 가구의 대부분을 서울과 수도권에 건설했는데도 멸실 속도가 빨라 서울에서만 1988년부터 1992년까지 총 12만 가구가 멸실되었다. 한 해 평균 2만 4,000가구가 사라졌다.

과거 낡은 주택이 많던 시절과 비교해, 그 후 멸실 주택의 수가 많아졌긴 하지만 튼튼한 주택을 많이 건설한 시기의 상황이 어떻게 다른지 지금부터 통계로 파악해보도록 하자. 국토해양부에서는 정확한 주택 보급률 산정과 주택 정책 수립을 위해 매년 3월 말에 멸실 주택에 대해 발표한다. 2010년부터는 전국적인 통계를 발표했다.

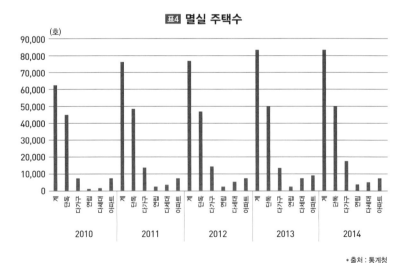

표4 멸실 주택수

* 출처 : 통계청

2010년에 전국적으로 총 6만 2,485가구가 멸실되었다. 주택 노후화뿐만 아니라 재개발과 재건축으로 멸실 주택은 해가 갈수록 늘어나고 있다. 전국적으로 2010년 6만 호 주택이 멸실된 것을 시작으로 2011년 7만 6,662호가 멸실되고 2012년에는 7만 7,234호로 늘어났고 2013년에는 8만 3,738호로 증가 추세가 꺾이지 않았고 2014년에는 8만 3,976호로 멸실 주택은 줄지 않고 늘어났다. 수도권을 기준으로 봐도 2010년 2만 3,736호에서 2014년 4만 710호로 멸실 주택이 2배나 늘어났다. 1990년대 초반까지 매년 2만 호 정도 멸실되던 서울은 2010년에 1만 2,571호로 줄어든 듯했으나 점차 증가해서 2014년에는 2만 1,955호로 약 2배 정도 늘어났다.

주택 유형을 보더라도 2010년 전체 6만 2,485가구 중 단독주택은 4만 4,981호, 다가구주택은 7,327호, 연립주택은 1,704호, 다세대주택 1,349호, 아파트 7,124호가 멸실되었다. 8만 3,976호나 멸실된 2014년을 보면 단독주택 4만 9,934호, 다가구주택 1만 7,598호, 연립주택 3,933호 다세대주택 4,958호, 아파트 7,553호이다. 2010년에 비해 단독주택과 아파트 멸실 숫자는 큰 차이가 없지만 다가구주택, 연립주택, 다세대주택의 멸실 숫자는 2배 이상 늘었다는 것을 확실히 확인할 수 있다.

멸실된 주택에는 사람이 살고 있었다. 이들에게는 또 주택이 필요하다. 국토해양부가 발표한 멸실된 주택은 이미 흔적도 없이 사라져 현재는 토지만 남아 있거나 하여 새롭게 건축 작업을 할 수 있다. 이곳에 살던 사람들 대부분은 멸실되기 전에 주택에서 빠져 나와 새로운 보금자리를 찾아간다. 이들은 꼭 신규 분양 주택이 아니고 오래된 주택이라도 이사해 자신들이 살아갈 새로운 터전을 마련한다.

삼한시대부터 호구조사라는 명칭으로 실시되어온 인구조사는 근대적 의미로 1925년에 처음 실시된 후 5년마다 진행되어 현재까지 18차례 실시되었다. 이 중에 주택에 관한 조사가 포함되기 시작한 것은 1960년 제9회 조사부터이다. 가장 최근의 전국적인 조사는 2010년 11월 1일 자로 발표되었고, 2015년 11월 1일을 새롭게 조사기준일로 삼아 조사가 이루어졌다. 1980년에 약 797만 가구로 조사된 후 인구 증가와 함께 가구 숫자도 증가하여 가장 최근 조사인 2010년에는 모두 1,734만 가구가 있는 것으로 조사되었다. 곧 새로이 진행될 조사를 통해 정확한 가구 숫자가 밝혀지겠지만 2014년 현재 대략 1,877만 가구가 있는 것으로 조사되었다. 이 중에 2014년에만 8만 가구가 멸실되었으니 전체 가구 중 약 0.4%가 멸실된 것이다.

주택이 멸실되는 것은 어디까지나 더 이상 사람이 살기 힘들다는 판단이 내려질 때다. 멸실되기 전에 이미 주택은 발효가 시작된다. 주택이 썩기 시작하면 그 주택에서 사람들의 엑소더스가 시작된다. 계속 살고 싶어도 벽에 금이 가고 배관이 썩어 녹물이 나오는 등 더 이상 살기 힘들다는 판정을 받게 된다. 안전 문제로 거주할 수 없다는 판정이 나오기 전까지 사람들이 거주하고 있어 곧장 멸실시킬 수는 없다. 먼저 이사를 가는 가구도 있지만 살 수 있을 때까지 계속 머물러 있는 가구도 있다. 이사를 간 가구 때문에 멸실 전에 먼저 공실이 발생한다. 더 이상 사람이 들어와 살지 않는 공실 가구가 존재한다.

인구주택총조사에서는 재고 주택 개념을 쓴다. 한 가구가 살 수 있도록 지어진 집으로 단독주택, 연립주택, 다세대주택, 아파트, 영업용(비거주용) 건물 내 주택을 포함한다. 재고 주택이 되기 위해서는 영구 건물이되 한 개 이상의 방과 부엌이 있어야 하며 독립된 출입구가 있고 관습상 소유 또는 매매의 한 단위가 되어야 한다.

1990년에는 재고 주택이 735만 7,000호 있었다. 그중에 19만 7,000호가 공실로, 전체에서 공실이 차지하는 비율이 2.7% 정도였다. 재고 주택은 꾸준히 늘어 1995년 957만 호, 2000년 1,147만 2,000호, 2005년 1,322만 3,000호, 2010년 1,467만 8,000호로 늘어났다. 공실 주택은 2010년 79만 4,000호가 있었다. 이는 전체 주택의 5.4%로 1990년에 비해 2배가 넘게 증가한 셈이다. 삶의 질을 우선시하며 오래된 주택에는 입주하지 않으려 하는 가구 숫자가 증가한 이유도 있다. 좀 더 편리하고 쾌적한 주거 환경을 원하는 수요가 공실을 발생시킨다.

시골 농가 주택의 경우 노인 부부가 사망하면 오래도록 아무도 살지 않으며 발효가 본격적으로 진행되어 공실이 발생하지만 멸실시키지 않는 경우도 있다. 이런 영향으로 강원도는 전체 재고 주택 53만 6,000호의 9.7%인 5만 2,000호가 공실이다. 이뿐만 아니라 충청남도, 전라남도, 경상북도의 공실률은 8%대이다. 5대 광역도시가 4%대의 공실률을 보이고 있으며 서울은 총 252만 5,000호 가운데 7만 9,000호가 공실로, 공실률은 3.1%이다. 한국의 전체 주택 가운데 5.4%가 공실 주택인 반면, 일본은 13.5%, 대만은 20% 정도가 공실 주택이다.

한국의 전체 주택 1,877만 가구 중에서 약 80만 가구가 공실이고 약 8만 가구가 멸실되고 있다. 매년 최소 총 88만 가구가 아무도 살지 않는 주택이 된다. 이곳에서 살던 사람은 반드시 다른 주택이 필요하다. 이 중에는 시골 주택도 포함되고 도시 주택도 포함된다. 2010년 현재 서울과 5대 광역도시에서는 약 22만 가구가 공실이다. 2005년 72만 8,000호에서 2010년 79만 4,000호로 5년 동안 6만 6,000호가 늘어나 1년에 약 1만 4,000호씩 증가했다. 그 이후 정확한 통계가 발표되지 않았지만 1년에 1만 호 정도는 공실이 된다고 봐야 한다. 주택이 사라졌거나 살 수 없게 되면 그 가구들은 어딘가로 이사하고 이주해야 한다. 주택이 오래되어 발효가 진행되면 공실이 발생하고 최종적으로 멸실되어 주택은 사라진다. 더구나 이 추세는 갈수록 심해지고 있다.

서로 사랑하며 함께 평생 살아가자는 언약과 함께 지금까지 따로 살아온 남녀에게 필요한 주택이 30만 가구다. 검은 머리 파뿌리 될 때까지 살자는 다짐과 달리 아쉽게도 이혼해서 독립하는 11만 가구가 또 존재한다. 이들뿐만 아니라 주택이 발효되어 살고 싶지 않은 주택으로 변모되어 공실이 발생하는 1만 가구에, 더 이상 아무도 살지 않아 멸실되는 주택 8만 가구가 시장에 존재한다.

결혼, 이혼, 공실, 멸실로 새롭게 주택이 필요한 가구 숫자는 해마다 50만 가구다. 이들에게 들어가 살 주택이 반드시 필요하다. 아무리 인구가 줄어든다 해도, 이혼해 독립한 1인 가구부터 시작해서 한 해에 최소한 50만 가구가 반드시 주택을 필요로 한다. 다양한 변수에 따라 가구 숫자가 줄어든다고 가정해도 45만 가구 정도는 신규 주택이든 기존 주택이든 주택이 필요하다. 매년 발생하는 수요는 이 정도이다.

해마다 45만 가구가 새롭게 주택을 필요로 하는데, 그만큼 공급하지 못하면 수요만으로도 주택가격은 생각과 다른 방향으로 흘러갈 수 있다. 과연 공급은 얼마나 제대로 되고 있는지 다음으로 알아보도록 하자.

주택은 얼마나 공급되고 있을까

1980년대 한국 경제는 고도성장을 통해 매년 10%씩 성장을 지속했다. 그 결과 부동산 가격이 급등하며 1989년에는 단기간에 서울 강남의 아파트의 가격이 23%나 오르기도 했다. 사회적인 위화감이 조성되며 분위기가 악화되자 노태우 대통령은 대선 공약으로 '주택 200만 가구 건설'을 내걸고 당선되었고, 실제 수도권에 90만 가구를 지을 택지를 조성했다. 중동, 평촌, 산본, 분당, 일산 5개 신도시에 약 26만 6,000호를 짓기로 하고 서울에는 40만 가구를 짓기로 했다. 이 당시 서울에서 선택된 곳이 개포, 고덕, 상계, 중계, 목동이었다.

정부의 독려와 건설회사의 노력으로 계획보다 1년이나 앞당겨 1991년 말까지 214만 가구가 지어졌다. 하지만 당시 신도시 건설 과정에

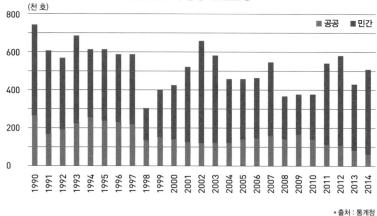

표5 **민간과 공공 건설물량**

(천 호)

■ 공공 ■ 민간

* 출처 : 통계청

대규모 건설 물량이 집중되는 바람에 자재난이 심각해져 염분을 제거하지 않은 바닷모래를 사용한 경우도 있었다. 또한 1960~1970년대 서울 외곽에 영세 건축업자가 무작위로 건설한 주택들이 다가구주택으로 합법화되면서 3층에서 5층으로 고층화되어 난개발이 난립했다. 수많은 주택이 건설되고 부동산 가격이 안정화되어 정부는 한시름을 놓았다.

이에 힘입어 정부는 1992년부터 1996년까지는 매년 54만 가구, 1997년부터 2001년까지 매년 65만 가구 등 제3차 국토종합개발계획(1992~2001) 기간 동안 총 595만 가구의 주택을 새로 건설할 것이라 발표했다. 이를 통해 2001년 주택보급률 84.3%를 달성할 것이라 예상했다. 이 기간 동안 영구 임대주택 59만 6,000가구, 사원 임대수택 29만 8,000가구, 민간 임대주택 89만 4,000가구 등 총 178만 8,000가구의 임대주택을 지을 계획이었다.

이와 관련되어 국토해양부에서는 1990년부터 주택 건설 인허가 실적을 발표했다. 이는 주택법 16조와 건축법 8조에 의해 인허가를 받은 주택 숫자를 말한다. 정부의 계획대로 1990년에 75만 호가 인허가를 받았다. 그 후 1997년까지 평균 61만 6,000호가 인허가 받았다. 1998년에 30만 호로 급격히 줄어들며 2년 연속 40만 호 정도 받던 인허가 숫자는 2001년부터 3년 연속 평균 59만 호 정도였다.

2004년부터 3년 연속 평균 46만 호 정도가 인허가를 받았으나 금융위기 이후에는 2008년부터 3년 동안 평균 38만 호 정도로 인허가 실적이 바닥을 쳤다. 2012년에는 최대 58만 7,000호 정도까지 이르렀다. 2013년에 44만 호로 인허가 실적이 최저일 때를 빼고는 2011년부터 평균적으로 50만 호 정도는 매해 인허가를 받은 주택이 있었다.

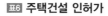

표6 주택건설 인허가

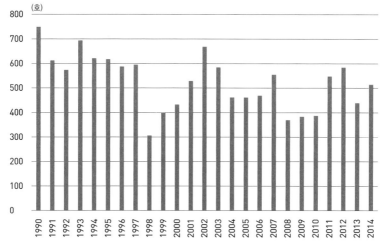

* 출처 : 통계청

정부의 의지대로 지속적으로 공급이 이루어졌다고 생각될 정도로, 매년 평균 50만 호씩 인허가를 승인받은 주택 가운데 공공 분야에서는 1990년대에 꾸준히 20만 호 정도씩 공급했다. 2000년대 들어서는 수량이 줄긴 했지만 해마다 평균 14만 호 정도가 공공 분야에서 공급되었다. 2010년대부터 공공 분야의 인허가는 갈수록 줄고 있다. 2010년 13만 8,000호로 최대로 인허가를 받은 후 2014년 현재 6만 3,000호로 반 토막이 났다.

인허가 승인을 얻은 주택 숫자는 해마다 변동이 있었지만 평균적으로 50만 호 정도라는 것을 이미 밝혔다. 공공 분야의 인허가가 2014년에 약 6만 호 정도로 줄었으므로 전체 인허가 승인 51만 호 가운데 45만 호가 민간 분야에서 받은 인허가다. 전체 인허가 승인 중에 20%를 넘던 공공 분야가 이제는 근처에도 미치지 못한다.

전체 인허가 승인 중에 공공 분야는 대부분 LH주택공사다. 2009년 10월 1일 한국토지공사와 대한주택공사가 통합해서 만들어진 LH주택공사는 택지 개발과 공급뿐만 아니라 공공임대 아파트를 비롯한 주택을 공급했다. 문제는 이들이 벌인 다양한 공사가 물먹는 하마처럼 비용은 늘어나는데 수익이 줄어들어 부채가 늘어나니 감당할 수준을 뛰어넘을 정도가 되었다는 것이다. 이들 부채는 최대 102조에 달할 정도였다.

정부에서는 LH주택공사의 부채 때문에 곳곳에서 진행되던 택지 개발과 주택 임대를 줄여버렸다. 더 이상 부채가 늘어나는 걸 막기 위한 방책이었다. 그 결과 늘 전체 인허가의 20% 이상을 유지하며 해마다 공공 주택이 20만 호까지 건설되었지만, 이 숫자가 점점 줄어 2014년 현재 약 6만 호밖에 인허가를 승인받지 않았다.

인허가를 승인받는다고 모두 다 주택 건설이 되는 것은 아니다. 인허가를 받은 후 1년 안에 착공, 즉 건물을 짓기 시작해야 한다. 1년 안에 하지 못하면 한 번, 기간을 1년 연장할 수 있다. 착공에서 완성되는 준공까지의 기간은 법에 명시되어 있지 않지만 인허가를 한다고 해서 꼭 준공까지 가는 것은 아니다. 경기나 자금 사정 등 여러 상황이 좋은가 나쁜가를 고려하여 착공에 들어가거나 취소하기도 한다.

이런 이유로 인허가에서 착공 후 준공까지 2~3년 걸리는 것이 기본이고 그 이상 걸릴 수도 있다. 국토해양부에서는 준공 실적에 대해 2011년부터 통계를 발표해왔다. 2011년 33만 8,000호가 준공된 걸 시작으로 2012년 36만 5,000호, 2013년 39만 5,000호, 2014년 43만 1,000호가 준공되었다. 매해 준공 주택이 늘어났음을 확인할 수 있다.

준공된 주택이 늘어났지만 이것만으로 부족하다는 것을 이제 우리는 알고 있다. 한 해 평균 주택을 필요로 하는 수요가 결혼, 이혼, 공실, 멸실을 합쳐서 최소한 45만 가구가 된다는 것을 감안할 때 2011년부터 따져봐도 수요에 비해 공급이 턱없이 부족한 걸 알 수 있다. 일반 소형 아파트를 주로 공급하던 LH주택공사에서 서브프라임 모기지로 촉발된 금융위기 이후에 늘어난 부채를 감당하지 못해 대다수의 사업에서 철수했다.

거주 주택으로 가장 선호하는 아파트를 보더라도 2011년 약 21만 호를 시작으로 2014년에는 약 27만 호가 준공되었다. 부동산114에 따르면 연간 아파트 입주 물량이 2014년 26만 호에서 2015년 25만 호, 2016년 26만 호, 2017년 28만 호로 예측된다. 주택의 인허가와 착공에서 준공까지 걸리는 시간으로 인해 생각만큼 빠른 속도로 아파트가 공급되지 못하는 걸 확인할 수 있다.

부동산 가격은 다양한 변수에 근거해 움직일 수 있다. 그중에서 가장 중요한 수요와 공급을 보면 수요에 비해 공급이 줄어든 것을 볼 수 있다. 노태우 정부 시절 '200만 가구 건설'로 전국적으로 공급을 늘려 주택가격이 안정되었다는 사실을 우리는 확인할 수 있다. 2000년대 들어 꾸준히 발생하는 수요에 비해 제대로 공급되지 못하고 있다는 것도 확인했다. 수요에 비해 공급이 부족했지만 금융위기 직전에는 수요에 비해 공급이 넘쳤다. 넘치는 공급을 수요가 받아주지 못해 주택가격이 떨어졌다.

일정한 수준을 유지하는 수요에 비해 과다 공급되거나 과소 공급되며 불일치가 일어났다. 주택가격뿐만 아니라 대부분 수요와 공급이 발생하는 모든 현상에서 공통적으로 발견되는 특징이다. 농수산물뿐만 아니라 아이들이 좋아하는 장난감마저도 수요에 비해 공급이 초과되거나 축소되어 가격의 불일치가 발생한다. 무엇 때문에 수요와 공급이 불일치되는지 파악하는 것이 중요하다는 의미에서 온갖 숫자를 동원해 글을 마무리했다.

중요한 점은 수요와 공급이 균형 있게 진행되어야 하지만 늘 불일치가 발생한다는 것이다. 공급은 어디까지나 주택가격을 결정짓는 여러 수단의 하나라는 것을 잊지 말자. 2015년부터 다시 공급이 늘어나고 있다. 그러나 수요는 일정하다.

누가 집을 살 수 있을까

인간의 생활에서 필수요소는 의식주다. 과거에는 이 모든 것들은 자급자족으로 해결했다. 자본주의가 발달하면서 사람들은 꼭 필요한 것들을 모두 돈으로 거래한다. 거래할 수 있는 모든 것들이 돈으로 환산된다. 먹고 입고 거주하는 것도 돈으로 거래된다. 먹고 싶은 걸 먹고 입고 싶은 걸 입고 거주하고 싶은 곳에 거주하는 데에도 전부 돈이 필요하다. 현대사회에서는 돈을 벌어야만 원하는 것을 얻을 수 있다. 즉 소득이 중요하다.

정부에서는 사회 구성원으로 살아가는 데 지장이 없도록 최저임금을 결정한다. 1987년 고용노동부 소속 기구로 최저임금위원회가 발족된다. 공익위원 9명, 근로자위원 9명, 사용자위원 9명으로 구성되어 매년

표7 **시간급 최저임금**

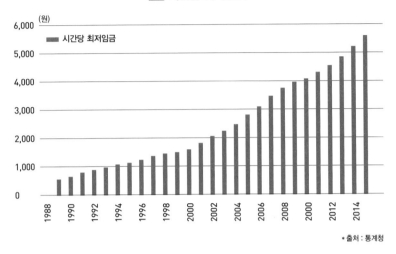

6월 29일까지 다음해 최저임금을 결정한다. 이렇게 결정된 최저임금은 지속적으로 상승했다.

 시간당 최저임금은 1989년 600원으로 시작되었다. 1990년대에 평균 8.85%씩 올라 2000년에는 1,600원이 되었다. 2000년대 초반에 매년 10% 이상 올랐다가 후반에 떨어진 결과 2000년대 시간당 최저임금은 평균 9.96% 올랐다. 2010년에 시간당 최저임금은 4,110원이 되었다. 2010년대에도 평균 6.3%씩 올라 2016년에는 2015년보다 8.1% 인상되어 6,030원이 되었다.

 시급 6,030원을 월급으로 환산하면 126만 270원이다. 과거와 달리 최저임금을 지키지 않으면 3년 이하의 징역 또는 2,000만 원 이하의 벌금이 부과된다. 이처럼 소득은 꾸준히 늘어나고 있다. 1인 기준 최저임금뿐만 아니라 가구 중에서 2인 이상을 기준으로 살펴볼 때 도시 가구당 월평균 가계수지도 증가했다.

1990년 전체 가구 월평균 가계수지는 약 210만 원에서 출발해서 1999년 284만 원이 되었고 2000년 303만 원으로 300만 원대에 진입했다. 2010년에 367만 원 정도로 약 60만 원이 오른 후 2014년 397만 원까지 1990년 기준으로 총 187만 원 올랐다.

전체 가구가 아닌 도시 근로자 가구 중 2인 이상 월평균 가계수지로 살펴보면 1990년 212만 원에서 출발해서 2000년에 327만 원까지 오르고, 2010년 400만 원을 돌파한 후 2014년 기준으로 434만으로 약 222만 원 정도 소득을 더 벌고 있다. 소득 5분위로 따져볼 때 3분위가 이에 해당한다. 대부분의 가구가 주택을 구입할 때 소득을 고려한다. 대출을 안고 주택을 구입한다고 해도 자신의 소득 범위 내에서 대출을 받아 갚는 걸 고려한다.

부동산 가격을 객관적으로 지수화해서 만든 것으로 PIR가 있다. Price to Income Ratio의 약자로 연평균 소득 대비 주택가격 비율을 뜻한다. 가구의 소득 수준에 따라 주택가격의 적정선을 나타내는 것인데, PIR가 10이라면 10년 동안 소득을 한 푼도 쓰지 않고 모아야 집 한 채를 살 수 있다는 뜻이다. 전 세계적으로 PIR를 근거로 주택가격의 고평가, 저평가를 따진다. 이뿐만 아니라 평균 PIR 대비로 현재 PIR를 비교해서 주택가격의 적정선을 가늠한다.

이미 각종 지표를 통해 확인했듯이 소득 평균은 지속적으로 늘어났지만 각종 부동산 통계 지표를 확인할 때 부동산 가격은 올랐다 내리는 걸 반복하고 있다. 1990년대에 신도시를 중심으로 건설된 대규모 아파트 단지 덕분에 주택가격은 빠른 속도로 떨어져 PIR는 꾸준히 내렸다. 2000년대 중반, 금융위기 전까지 가파르게 가격이 오르던 서울,

수도권 아파트는 급작스럽게 가격이 하락한 후 현재까지 기존 고점을 상회하지 못하고 있는 실정이다.

앞서 말했듯이 소득에 대비해 주택 구매를 고려하게 된다. 소득이 형편없는 사람은 주택 구매 의지가 있어도 구매하지 못한다. 그렇다면 주택을 구매할 수 있는 가구가 어느 정도 되는지 이제부터 알아보자. 현대경제연구원의 경제주평 자료 〈집 살 여력 있는 가구〉에서는 이를 무주택 가구와 유주택 가구로 나누고 있다.

한국 전체 가구의 평균 자산은 2010년 2억 7,684만 원에서 2014년 현재 3억 3,264만 원으로 늘었다. 2014년 가구당 부채 5,994만 원을 제외하면 순자산은 2억 7,370만 원이다. 이 안에 금융자산 8,931만 원, 실물자산 2억 4,433만 원, 임대보증금 1,900만 원 등이 포함된다. 참고로 2015년 1분위 가구당 평균 자산은 9,426만 원, 2분위는 1억 5,664만 원, 3분위는 2억 596만 원, 4분위는 2억 9,490만 원, 5분위는 6억 1,669만 원이다.

소득 1분위에서 5분위 가운데 2분위부터 4분위까지가 주택 구매와 관련되어 가장 큰 영향을 미친다. 그러니 주택을 구입할 때 거의 대부분의 가구에서 활용하는 대출상환 능력까지 따져봐야 한다. 원리금 상환에 부담을 느끼지 않고 상환 기간 내에 갚을 수 있는 적정대출을 실행할 수 있는 가구는 대략적으로 20.8%이다. 2015년 9월 11일 현재 서울의 1㎡당 주택가격은 약 512만 원이고 전국은 약 270만 원으로, 국민주택 규모인 85㎡로 환산하면 서울은 4억 3,520만 원, 전국은 2억 2,950만 원이다.

전체 1,877만 가구의 평균 주택가격인 3억 3,235만 원을 적정대출을 받아 상환할 수 있는 가구는 2013년 현재 약 569만 가구다. 이 중 무주택 가구는 약 144만 가구이고 유주택 가구는 약 425만 가구로 추산된다. 이들은 잠재적인 주택 구매 수요층이다. 유주택 가구 중에서도 부채는 낮으면서도 금융자산이 많고 소득이 높은 계층은 주택 구매 욕구가 활발해지면 언제든지 주택 구매에 참여할 것이다.

여전히 부동산 가격에 대한 불확실성이 존재한다고 판단되는 한 쉽게 움직이지 않겠지만, 이들에게 부동산 가격에 대한 불확실성이 제거되었다는 확신이 들면 부동산 가격은 또다시 올라갈 여지가 있다. 불행히도 주택은 사용가치만 존재하는 것이 아니라 교환가치로 시세차익을 볼 수 있는 자산이다. 금융위기 후에 서울, 수도권 주택가격이 떨어진 후 지금까지 거의 움직임이 없었던 이유다. 소득 1, 2분위 사람들이 거주하는 주택은 교환가치보다 사용가치 목적이 강하지만 3, 4분위 사람들이 원하는 주택은 대부분 사용가치보다는 교환가치에 주목되어 사람들의 심리가 많은 영향을 미친다.

이들은 결코 주택을 구입할 여력이 없는 것이 아니다. 집 살 여력이 있는 무주택 가구 약 144만 가구 중에 전세로 살고 있는 가구 숫자는 무려 95.8%나 된다. 이뿐만 아니라 집 살 여력이 있는 유주택자 425만 가구 중에서도 과반인 51.8%가 여유 자금이 생기면 부동산에 투자할 의향이 있다고 할 만큼 주택 매매 수요는 결코 적지 않다. 극단적으로 표현해서 주택가격이 상승할 것이라는 심리에 불을 지르면 호시탐탐 때만 노리던 즉시 매수할 가구가 최대 569만 가구나 대기 중이라는 것이다.

거래가 활발한 상품 시장과 달리 자산 시장은 거래가 상대적으로 활발하지 않다. 필요 이상으로 거래하지 않는 상품 시장과 달리 부동산을 비롯한 자산 시장은 적게 거래되어도 얼마든지 폭발적인 자산 가격 상승을 이끌어낼 수 있다. 1,000세대 단지 중에 실제로 매물을 내놓은 가구가 30~40가구로 기껏해야 3~4%밖에 되지 않을지라도 엄청난 파괴력을 갖는다.

　지금까지 우리가 생각했던 것과 달리 주택 시장에서 일정한 수요가 계속 발생하고 있어 그만큼은 공급해야 한다는 점을 알게 되었다. 주택을 구매할 수 있는 여력이 있는 가구도 여전히 많다는 것을 알게 되었다. 그렇다면 우리보다 먼저 인구 고령화와 함께 인구수가 줄고 있는 일본과 비교해 한국 부동산이 앞으로 어떻게 흘러갈 것인지 다음 장에서 알아보자.

주택의 공급과 수요

　1980년대 40만 건까지 늘었던 혼인 신고는 인구가 정체되고 있는 2000년대 들어서도 30만 건 정도로 계속 유지되어왔다. 주위 시선을 의식해 쉽게 결정하지 못했던 이혼이 1970년부터 늘기 시작해서 2003년 16만 건으로 정점을 친 후 2010년대 들어 매년 약 11만 건으로 유지되고 있다. 혼인과 이혼을 합쳐 약 41만 가구가 매년 새롭게 탄생하며 주택이 필요하다. 싫든 좋든 41만 가구 살아갈 주택이 반드시 있어야 한다.

　주택이 오래되면 더 이상 사람이 살지 않아 멸실된다. 멸실 주택은 꾸준히 늘어나 2014년 전국적으로 8만 3,976호가 있고 수도권으로 좁혀도 4만 710호가 멸실되었다. 이 중 단독주택 4만 9,934호, 다가구주택 1만 7,598호, 연립주택 3,933호 다세대주택 4,958호, 아파트 7,553호이다. 멸실되기 전에 공실부터 발생한다. 주택은 꾸준히 늘어 1995년 957만 호, 2000년 1,147만 2,000호, 2005년 1,322만 3,000호, 2010년 1,467만 8,000호로 늘어났다. 이 중에서 공실 주택은 2010년 기준으로 79만 4,000호가 있다. 이는 전체 주택의 5.4%이다.

　혼인과 이혼으로 생기는 41만 가구에, 공실과 멸실로 추가되는 9만 가구까지 포함해 해마다 주택이 필요한 가구가 50만 가구가 새로 생겨난다. 변수를 감안해도 최소한 1년에 45만 가구는 반드시 들어가 살 주택이 필요하다.

인허가 후 착공에서 준공까지 된 주택이 2011년 33만 8,000호인 걸 시작으로 2012년 36만 5,000호, 2013년 39만 5,000호, 2014년 43만 1,000호가 되었다. 매년 새로 필요한 주택을 최대도 아닌 최소로 감안해서 45만 호로 볼 때도 최근 몇 년 동안 안정적으로 공급된 적이 없다는 사실을 우리는 알 수 있다. 200만 가구를 전국적으로 공급했을 때 주택가격은 오랜 시간 안정적으로 유지되었다.

시간당 최저임금은 1989년 600원에서 2016년 6,030원으로 증가했다. 2014년 도시 근로자 2인 이상 가구의 월평균 가계수지는 434만 원이다. 전체 1,877만 가구 중에, 평균 주택가격인 3억 3,235만 원을 순자산을 감안해서 대출상환 능력을 가진 무주택 가구는 약 144만 가구이다. 유주택 가구는 약 425만 가구로 모두 569만 가구가 주택을 구입할 능력이 있다.

수요와 공급은 늘 불일치가 생긴다. 이에 따라 가격은 변동한다. 수요에 비해 공급이 넘칠 때 가격은 하락하고 수요에 비해 공급이 부족할 때 가격은 오른다. 이 사실은 부동산이라고 다를 바가 없다는 점만 기억하면 된다.

3장

한국의
일본화
가능성

일본 버블의 진실

미국인들이 들끓었다. 강렬한 반감을 드러냈다. '이런 일은 말도 안 된다' 하며 농성을 했을 정도다. 미국인에게, 심지어 뉴욕 시민에게 이런 일이 생기다니. 미국을 대표하는 상징적인 록펠러센터를 1989년 10월 미츠비시가 약 2,200억 엔에 매수했을 때이다. 이뿐만 아니라 콜롬비아 영화사도 소니가 인수하는 등 미국은 제2의 진주만 침공이나 마찬가지라며 일본이 이토록 성장한 것에 두려움을 표했다.

1988년 시가총액을 보면, 1위가 일본의 NTT였을 뿐만 아니라 상위 10개 기업 중에 미국의 IBM과 엑슨모빌을 제외하면 일본 기업이 무려 8개나 되었다. 세계 주요 나라 시가총액 기준으로도 일본은 1987년 말에 2만 9,970억 달러로 미국의 2만 5,810억 달러를 당당히 뛰어넘었다. 이뿐만 아니라 당시 1인당 국민소득은 미국이 2만 8,108달러였는데 일본이 무려 4만 2,466달러였다.

이런 배경에는 전 세계 수출을 통해 무역흑자를 기록하던 일본은 높은 경제성장률이 둔화되면서 정부가 기준 금리를 떨어뜨려 은행에 돈이 쌓이고 있었던 이유도 한몫했다. 일본 은행은 대출 기준을 대폭 완화하고 정부는 1984년 '투금계정'이라는 불법계정을 합법화해서 자본이득세를 한 푼도 내지 않고 기업들이 증권사에 돈을 넣고 주식이나 채권에 투자할 수 있게 만들었다. 일본과 달리 미국은 대규모 무역 적자를 기록하였고, 1985년 9월 2일 미국 뉴욕 플라자 호텔에 프랑스, 독일, 미국, 일본, 영국 정상이 모여 미국 달러는 평가절하하고 일본 엔화와 독일 마르크화는 평가절상하기로 합의했다. 이로 인해 마르크화와 엔화는 평가절상되었지만 달러 가치가 떨어져 1987년의 달러 가치는 1985년의 약 70%밖에 되지 않았다.

환율을 앞세워 미국은 수출 경쟁력을 높였지만 일본은 수출 경쟁력이 떨어졌다. 수출 기업들이 환율 하락으로 경쟁력이 사라지자 일본은 금융완화법을 통해 대출을 더 쉽게 받을 수 있게 했다. 이렇게 넘쳐난 유동성 자금은 주식과 부동산으로 몰렸다. 때마침 전 세계적으로 경제 혼란이 가중되며 해외 투기 자금이 보다 안전한 일본으로 몰려들었다. 점화된 성냥불은 무섭게 타오르기 시작했다. 부동산과 주식은 하늘 높은 줄 모르고 올랐다.

부동산 가격 급등으로 도쿄 땅을 팔면 미국 전체를 다 살 수 있다는 말까지 나올 정도였다. 부동산 시세차익을 맛본 투자자들은 부동산 불패 신화를 믿고 시세차익으로 거둬들인 자금으로 또다시 부동산을 매수하며 자기실현적 예언을 충족하게 된다. 일본 전체가 부자가 되었다는 착각이 팽배했는데 실제로는 장부상의 부자가 되었을 뿐이었지만 말도 안 될 정도로 소비가 촉진되었다.

기업들이 먼저 본연의 업무가 아닌 투자를 위해 합법화시킨 투금계정은 1985년 9조 엔에서 1989년 40조 엔까지 늘어났다. 기업의 이익이 늘어나자 주가는 덩달아 같이 뛰기 시작했다. 기업 자체의 영업이익 등에 대해서는 따지지도 않고 증가되는 자산에만 주목하며 주가는 더더욱 하늘 높은 줄 모르고 오르기만 했다. 당시 PER(주가수익비율)가 60을 넘었다. 전 세계 시가총액 1위까지 했던 NTT는 정부에서 민영화하고자 공모했을 때의 상장가격이 120만 엔이었지만 이틀 만에 25% 상승하고 2주 후에 240만 엔, 1989년에 400만 엔까지 오른 덕분이었다.

은행들은 개인에게 대출을 못해줘서 안달이었다. 토지 가격의 200%까지 담보가 인정되었다. 도쿄지가는 1987년에 비해 1988년에는 무려 3배나 폭등했다. 토지 가격이 오르니 더 많이 대출을 받을 수 있었다. 이뿐만 아니라 100년 만기 대출 상품까지 나왔다. 버블 기간인 1981년에서 1990년까지 도쿄 지가는 무려 5배 이상 폭등했다. 이뿐만 아니라 신바시, 아사쿠사는 10배 이상 폭등했고 아오야마는 15배나 폭등했다.

당시 할리우드는 〈블랙 레인〉이나 〈떠오르는 태양〉과 같은 영화를 통해 무섭게 전 세계에서 승승장구하고 있는 일본을 경계하면서도 〈블레이드 러너〉나 〈백 투 더 퓨처〉 같은 영화에서는 일본풍을 강하게 풍겼다. 버블을 나타내는 지표 중 하나인 미술 경매품에서도 일본인의 능력이 유감없이 발휘되었다. 고흐의 〈해바라기〉를 3,629만 달러에 낙찰받았을 뿐만 아니라 경매로 나온 대부분의 미술품을 싹쓸이했다. 고등학생의 세뱃돈이 30만 엔(300만 원)이라는 소문이 퍼질 정도였다.

하늘 높은 줄 모르고 치솟던 일본 버블은 주식에서 산이 높으면 골이 깊다는 말처럼 어느 순간 걷잡을 수 없이 추락했다. 1990년 새해 벽두부터 갑자기 바벨탑이 무너지듯 4만 포인트를 뚫어버릴 듯했던 일본 니케이 지수가 미친 듯이 추락한다. 1989년에 3만 8,915포인트이던 니케이 지수는 1990년 말 2만 3,848포인트까지 폭락했다. 이게 끝이 아니라 지속적으로 추락한 니케이 지수는 2년 만에 반 토막이 난 후 2003년에는 8,000포인트대까지 떨어졌다.

겉으로 보이는 자산 시장은 한없이 올라갔지만 일본 제품의 경쟁력이 약화되면서 성장률이 추락하자 실물경제가 미처 상승한 자산 가격을 쫓아가지 못하며 위태위태하게 지탱되던 거품이 터지게 되었다. 1989년 일본은 소비세를 도입해 소비에 찬물을 끼얹었고 금리도 올리기 시작했다. 은행을 통한 대출마저도 옥죄기 시작했다. 1990년에는 한국의 기획재정부에 해당하는 대장성이 200%까지 담보 대출을 해주던 은행에게 주택 담보 대출에 대해 총대출증가율을 넘지 못하도록 조치했다.

이렇게 얼어붙은 자산 시장은 실물경제에까지 영향을 줬다. 자산 가격이 상승하자 다들 부자가 되었다는 착각으로 소득까지 증가했다고 여기며 소비했지만 자산 시장이 수축되자 이전과 달리 소비를 줄여버렸다. 소비가 줄자 기업의 매출이 줄었고 이에 따라 기업의 이익도 줄어들어 기업들은 모래성이 파도에 휩쓸려가듯이 시가총액이 무너졌다.

미국의 상징을 빼앗겼다는 사실에 분개한 미국에서 본격적으로 일본 때리기가 시작된 계기가 되었던 록펠러 센터는 일본 버블 붕괴와 더불어 막대한 적자를 입고 1995년 5월 파산을 신청해 미츠비시가 인수한 14동 가운데 겨우 2동만 빼고 전부 매각되었다. 더불어 대출 회수를 못한 금융기관 124개가 줄줄이 파산한다.

버블이 붕괴된 일본은 이후 경제성장률이 0~2%에 머물고 금리도 거의 0%대로 움직이며, 적금도 무의미하고 투자가 투기로 인식될 정도로 상황이 달라졌다. 일본인들은 저금리를 이겨내기 위해 '와타나베 부인'이라는 별명으로 불려가면서까지 전 세계에서 금리가 높은 지역을 찾아다니며 안전자산을 매수하기도 했다.

일본 정부가 1992년부터 2000년까지 약 123조 100억 엔을 시장에 풀었지만 일본 자산 시장뿐만 아니라 경제에도 아무런 영향을 미치지 못했다. 처음에 '잃어버린 10년'이라 불렸던 기간이 이제 '잃어버린 20년'이 되었다. 세계적으로도 유래가 없는 일본 사례는 여러 국가에서 버블 사례로 연구되고 있으며 버블의 원인뿐만 아니라 이를 극복할 모델 등 여전히 설왕설래되고 있다.

일본 부동산의 현실

'한국 부동산은 폭락할 것이다'라고 계속 외쳐온 유명 인사 가운데 한 명이 다음과 같은 이야기를 했다. 한국 부동산을 볼 때마다 일본 부동산의 데자뷔가 일어난다는 것이다. 1991년 일본에서 부동산 거품이 붕괴되었지만 일본 정부는 대규모 토건 부양책을 펼쳤다. 여전히 부양되지 않자 1994~1996년 제로 금리에 각종 세제 혜택, 가계 부채를 동원해서 일반 가구가 집을 사도록 부추겼다. 이에 따라 주택가격이 고점 대비 하락하고 이자 부담도 없으니 많은 국민들이 분양 대열에 뛰어들었다.

이 유명 인사의 말에 따르면, 이는 금융위기 이후 한국에서 벌어진 상황과 다를 바가 없다. 이제부터 한국이 일본의 길을 따라갈지 아닐지는 확실하지 않다. 하지만 일본의 결론은 1997년 부동산 2차 버블이 붕괴했고(혹자는 1994~1996년에 버블이 있었다고 주장한다), 1994~1996년 분양 대열에 뛰어든 수많은 일본 국민이 하우스푸어로 전락했다고 덧붙인다.

너무 지겹게 들어 '귀에 못이 박힐 정도'로 상투적일 만큼 일본 부동산 가격 추락은 부동산에 관심 없는 사람도 다 아는 사실이다. 단순히 부동산뿐만 아니라 일본 자산 시장 전체가 폭락했음에도 이상하게 부동산만 유독 폭락 사례로 자주 거론한다. 신문뿐만 아니라 여러 전문가들도 자신이 일본에 갔을 때 만난 사람들을 통해 주택가격이 떨어졌다며 강력한 한 방을 날린다. 이미 일본 버블에 대해 소개했듯이 누구도 이를 부정하지 못한다. 일본이 버블이 끝난 후 자산 시장뿐만 아니라 경제 전체가 '잃어버린 20년'이 되었다는 사실을 부정하지 못한다.

1980년대 상업지가 상승이 주택지가와 주택가격 상승을 선도했다. 도쿄, 오사카, 나고야, 요코하마, 교토, 고베 등 도시의 상업지 가격은 1986년에서 1990년까지 3배 이상 급등했다. 금융기관은 "땅 사세요. 돈 빌려드립니다. 등기료도 빌려드립니다"라고 했을 정도이다. 은행에서 대출 관련 규제를 하자 이를 회피하기 위해 비은행기관에서도 부동산 대출이 급팽창하며 부동산 가격이 급등했다.

이후 이야기는 누구나 다 알듯이 '대폭락' 표현이 전혀 어색하지 않을 만큼 일본 부동산 가격이 추락했다. 1991년부터 지속적으로 하락한 부동산 가격은 2005년 말에는 1990년 하반기에 비해 상업지가는 87.2%, 주택지가는 66.5% 하락해 전체 지가가 76.4%까지 떨어졌다. 2005년 들어 상업 용지 중심으로 겨우 1.5% 상승했을 뿐이다.

여러 이유로 부동산 버블이 꺼졌다. 자산 시장에서 중력처럼 작용하는 금리를 일본에서는 1989년 5월부터 1990년 8월까지 15개월 동안 5차례에 걸쳐 2.5%에서 6%로 총 3.5%p 인상했다. 자산 가격이 하염없이 떨어지기 시작하자 1991년 7월부터 금융 완화를 하며 1999년에는 0%까지 금리를 인하했다. 일본 정부는 저금리 정책에 대한 국내외의 압력을 받아들였을 뿐만 아니라 일본 은행도 또다시 발생할지 모르는 버블을 막고자 하는 정책적인 노력만 했다.

일본 부동산 버블 초기에 토지와 건물은 공시지가 대비 보유세를 1.7%밖에 걷지 않았고 당시 공시지가는 시세의 30~40%밖에 안 되었다. 도쿄 중심부의 가격은 겨우 시세의 5%였다. 비록 양도소득세는 5년 이내는 차익의 52%, 5년 이후는 26%였으나 이미 불붙기 시작한 부동산 가격에는 아무런 영향을 주지 못했다. 뒤늦게 실시된 양도 차익의 60%까지 세금을 인상하는 등의 조치는 매물 부족만 초래할 뿐이었다.

본격적인 일본 버블 시기인 1986년에서 1989년 사이에 물가는 연평균 0.93%로 안정되어 있었다. 반면 주가는 199%, 일본 6대 도시 지가는 160.6% 올랐다. 여기서 일본의 부동산 가격 상승은 한국처럼 아파트를 비롯한 주택가격의 상승이 아닌 상업지가의 상승이어서 차이가 있다. 일본에서 상업지가가 상승한 이유는 한국과 달리 당시 버블이 무럭무럭 부풀 때 기업이 앞장서서 매입에 나섰기 때문이다.

버블 당시의 일본 부동산 전국 실질지가〈지가지수/CPI(소비자물가지수)〉는 1980년부터 2004년까지의 장기 평균에 비하면 최대 37% 높을 뿐이었다. 다만 6대 도시(도쿄, 오사카, 나고야, 요코하마, 교토, 고베)의 경우에 장기 평균보다 최대 113%나 높았다. 마찬가지로 버블 기간 동안 일본 전체 부동산 가격/소득 비율〈지가지수/1인당GNI(국민총소득)〉은 장기평균보다 최대 25% 높았지만 6대 도시의 경우에는 최대

102%나 높을 정도로 특정 지역 지가가 높았다.

주택가격을 결정하는 요소는 많지만 그중에서 주택의 수요와 공급이 제일 중요한 요소다. 한국의 경우에도 노태우 정부 시절 200만 호 건설 후 몇 년 동안 주택가격은 안정화되었다. 그 후로 제3차 국토종합개발계획(1992~2001) 기간 동안 총 595만 가구의 주택을 건설하려 했을 정도로 계속 공급을 늘렸다. 이처럼 공급은 주택가격에 상당히 큰 영향력을 미친다.

일본에서 1986년부터 1989년까지의 버블로 상승했던 주택가격이 1990년부터 떨어지기 시작한 뒤 다시 오르지 못했던 이유는 단순히 일본 사람들이 '이제 주택은 필요 없다'고 느꼈기 때문이 아니었다. 떨어진 주택가격을 올리기 위해서는 대출을 쉽게 받을 수 있는 정책을 마련하면 된다. 예를 들면 금리를 내리거나, 세금 혜택을 주는 것이다. 이런 방법은 여러 요소 중 하나지만 단순히 주택 정책을 위해 금리를 오르고 내린다는 것은 근시안적인 편견이다. 각국의 중앙은행은 여러 요소를 감안하지만 그중에서 인플레이션을 잡으며 경제가 안정적으로 돌아가게 만드는 것이 핵심이다. 주택은 그런 요소 중 하나일 뿐이다.

이뿐만 아니라 주택가격을 올리기 위해서는 공급을 줄여버리면 간단하다. 공급 감소는 1~2년 내로 발생하진 않는다. 인허가받고 착공해서 준공까지 2~3년 시간이 걸린다. 공급을 줄여버리면 되었지만 일본은 그런 정책을 펼치지 않았다. 한국의 국토교통부에 해당하는 일본의 MLIT_{Ministry of Land, Infrastructure, Transport and Tourism}, 즉 국토교통성에 따르면 폭락이 시작된 1990년 이후에도 주택 공급은 전혀 줄지 않았다.

주택 착공 기준으로 보면 1992년에 약 140만 호가 공급되었다.

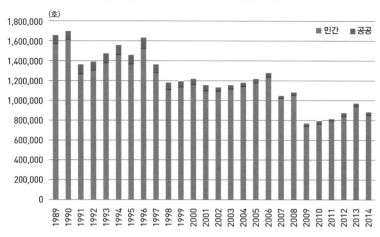

표8 일본 주택 신축허가 투자자별 구분

(호)

■민간 ■공공

* 출처 : 일본 통계청

1996년에는 약 160만 호로 공급을 더욱 늘렸다. 그 후 지속적으로 공급 물량이 줄었지만 2008년에 약 109만 호가 착공되었을 정도로 계속적으로 100만 호 이상이 공급되었다. 단 한 번도 주택 착공 숫자가 줄어들지 않고 유지되었다. 2009년 약 79만 호의 착공이 이루어지면서 드디어 100만 호 밑으로 공급이 줄어들었다.

그 후 2010년 81만 호, 2011년 83만 호, 2012년 88만 호, 2013년 98만 호, 2014년 89만 호로, 1992년부터 2008년까지 거의 20년 동안 주택 공급을 줄이지 않았다. 한국의 경우를 보더라도 공급이 늘고 경제가 악화되면 공급 물량이 해소될 때까지 한동안은 신규 공급이 제한된다. 그런데 일본은 분명히 주택가격이 폭락했는데도 착공은 전혀 줄지 않고 꾸준했다.

아무도 주택 구입을 하지 않는데 이토록 주택 공급을 계속할 필요가 있었을까. 더구나 일본에서 민간과 공공 부문의 주택 공급 현황을 보면 민간이 90%를 넘는다. 공공 부문에서는 일본 국민을 위해 이익이 적더라도 계속할 수 있겠지만 민간은 철저하게 자본주의 논리에 따라 이익이 나니 건설하는 것이다. 아마 일본도 한국처럼 개인이 짓는 주택도 있겠지만 절대 다수는 분명히 법인이 지어 일반에게 공급하는 것일 것이다.

　한국에서는 아파트가 대표적인 주택이다. 일본에도 아파트가 존재한다. 비록 우리처럼 많지 않아도 일본에서는 3층 이상되는 주택을 아파트로 규정한다. 2000년대에 꾸준히 아파트를 20만 호 이상 건설했다. 2010년의 인구조사 결과에 따르면, 약 601만 가구가 아파트에 거주하고 가구당 평균 2.46명이 살고 있어 약 1,480만 명이 아파트에 거주하는 것으로 발표했다.

　지진이 잦은 일본에서 아파트는 한국과 달리 상대적으로 선호되는 주택 형태는 아니다. 일본의 아파트 평균 분양가는 버블 당시인 1987년 2,784만 엔에서 버블이 폭락한 1991년에 4,488만 엔까지 오른 후 2005년 3,492만 엔으로 떨어졌고 2009년에는 3,802만 엔이었다. 분명히 고점과 비교하면 떨어졌지만 흔히 알려진 것과는 다르게, 2009년 가격이 1991년의 84.7%인 것을 두고 폭락이라고 할 수 있을까. 상대적으로 선호도가 떨어지고 일본 국민 중 소수가 살고 있는 아파트가 이렇다.

세계적인 버블 국가들

찰스 P. 킨들버거가 《광기, 패닉, 붕괴 — 금융위기의 역사》에서 세계 10대 금융 버블로 꼽은 나라와 시기는 다음과 같다. 1636년 네덜란드 튤립 알뿌리 버블, 1720년 영국 남해회사 버블, 1720년 프랑스 미시시피 회사 버블, 1927~1929년 미국 대공황 시기의 주식 버블, 1970년대 멕시코 등 개발도상국에 대한 은행여신 급증, 1985~1989년 일본 부동산 및 주식 버블, 1985~1989년 북유럽 3개국의 부동산 및 주식 버블, 1992~1997년 동남아 부동산 및 주식 버블, 1990~1993년 멕시코에 대한 외국인 투자의 급증, 1995~2000년 미국 나스닥 주식 버블.

전 세계가 하나의 공동체와 같아서 그 파급효과가 국지적으로 끝나지 않고 국경을 넘어 파괴력이 더 커진 미국 대공황 이후 버블은 비슷한 패턴을 보였다. 금융 자유화와 함께 금융 규제를 완화하며 감독을 소홀히 했다. 이를 틈타 주택과 주식을 비롯한 자산 시장이 상승하지만 경상수지는 악화되며 버블이 커진다. 이에 정부는 금융 긴축을 너무 조급하게 펼쳐 버블 붕괴가 시작된다. 주택과 주식 가격이 떨어지면서 금융 시스템이 불안정해지며 실질 GDP마저 하락해 침체 상태가 오래도록 유지된다.

일본이 버블을 경험한 1985년에서 1989년까지 북유럽 국가 노르웨이, 스웨덴, 핀란드도 똑같이 버블이었다. 북유럽 3국도 우리가 알고 있는 일본 사례를 참고 삼으면 현재 부동산 가격은 폭락해서 바닥을 기고 있어야 한다. 이미 일본 사례에서도 실제 사실은 다소 다르다는 것을 알게 되었는데 북유럽 3국은 어떤지 조사하면 좀 더 객관적인 지표를 얻을 수 있으므로 간접적으로라도 한국 상황을 예측하는 데 도움이 되지 않을까 한다.

노르웨이의 경우에 1984년 은행 대출 한도를 없애고 1985년 금리를 자유화했으며 1985년에는 외국인의 주식 소유 허용 등 자본시장을 개방했다. 핀란드는 1984년 은행 콜금리 상한 규제를 철폐하고 1986년 대출 금리 규제를 없애고 1990년에는 개인의 해외투자 및 기업의 해외 차입을 자유화했다. 끝으로 스웨덴은 1985년 대출 금리 및 대출 한도 규제를 철폐한 후 1987년에 외환시장 관련 규제마저 없애고 1989년에 해외 차입을 자유화했다.

북유럽 3개국 모두 비슷한 시기에 비슷한 정책을 펼쳤다. 노르웨이는 1987년에 22.4%, 스웨덴은 1988년에 27.1%, 핀란드는 1988년에 27.7%나 은행 대출이 증가하며 1980년을 기준으로 할 때 부동산 가격이 평균 약 4배 정도 올랐다. 이 중에서도 스웨덴은 무려 9배가량이

나 올랐다. 참고로 당시 주가는 2~5배 올랐고 스웨덴은 약 10배 정도 올랐다. 버블 당시의 일본을 능가할 정도로 화끈하게 버블이 진행되었다. 해외 차입을 통한 유동성 자금유입마저도 똑같았다.

북유럽 3개국 정부는 지나친 자산 시장의 과열을 막으려 했는데, 노르웨이의 경우 1991년 5월 8%인 금리를 1992년 11%로 올리고 핀란드는 1989년 10월 7.5%인 금리를 1992년 5월에 9.5%로 올렸다. 이뿐만 아니라 부동산 가격의 과도한 상승을 억제하기 위해 이자 비용에 대한 세금 감면을 폐지하자 차입에 따른 비용이 갑자기 대폭 상승하며 원리금 상환을 하지 못해 연체가 급증했다. 이 중에서도 구소련과 동구권에 주로 수출하던 핀란드는 1990년 구소련이 해체되자 수출이 급감하며 경기마저 침체되었다.

이렇게 되자 북유럽 3개국의 자산 시장은 무너지기 시작했다. 노르웨이는 1987년에서 1992년까지 부동산 가격이 30% 떨어졌고 주식 가격은 1989년부터 1992년까지 29.3% 하락했다. 핀란드는 1989년에서 1992년까지 부동산 가격은 25% 떨어졌고 주식 가격은 58.9%나 추락했다. 스웨덴은 더욱 더 처참해서 1900년부터 1992년까지 부동산 가격이 무려 50%나 떨어졌을 뿐만 아니라 주식 가격도 40.9%나 속절없이 폭락했다.

그 기간 일본은 부실채권이 겨우 3.1%밖에 되지 않았지만 노르웨이는 11.5%, 핀란드가 12.9%, 스웨덴이 13.4%나 될 정도로 높았다. 이뿐만 아니라 스웨덴은 가계 대출 부실이 1992년 7%에서 1993년에 11%나 증가했다. 노르웨이는 가계 대출 부실이 더욱 커서 1988년 15%에서 1992년 20%까지 높아졌다. 핀란드는 가뜩이나 높던 가계 대출 부실이 1988년 21%에서 1993년에는 무려 26%에 이를 정도로 문제가 심각해졌다.

자산 시장이 붕괴되는 데 그치지 않았는데, 스웨덴은 1991년에서 1993년까지 3년 연속 마이너스 성장을 보였고 핀란드는 경제성장률이 1989년 5.7%에서 1990년에는 제로가 되었고 1991년에는 -7.1%로, 국가 성립 자체가 위험할 정도였으니 일본과는 비교도 안 될 정도였다. 노르웨이라고 사정은 다르지 않아 안정되는 데까지 거의 10년이 걸렸다.

이 정도 상황이라면 우리가 이미 익히 알고 있는 일본 사례를 볼 때 북유럽 3개국의 부동산 가격은 폭락한 후 더 떨어지면 떨어졌지 올랐을 가능성이 없다고 추측할 수 있다.

이 북유럽 3개국 중에서 먼저 핀란드의 사례를 보자. 핀란드 통계청 자료에 근거하면 핀란드는 버블 형성기에 매년 약 5만 호 정도의 주택을 공급하다 1990년에 6만 5,000호까지 최다 공급한 후 버블이 꺼진 다음부터는 공급을 줄였다. 1996년에 2만 호까지 주택 공급을 줄인 후 2000년대 내내 약 3만 호를 안팎의 주택을 공급했고 2009년에는 그마저도 줄여 약 2만 호까지 공급을 줄였다.

인플레이션으로 조정한 핀란드 전체 주택가격은 1989년에서 1993년까지 무려 49.2%나 하락했고 수도인 헬싱키는 53.4%로 더 많이 하락했고 그 외 지역은 44.4%로 상대적으로 덜 하락했다. 1993년에서 1994년까지 핀란드 전체 주택가격은 6.6%, 헬싱키는 10.3% 올랐다. 1994년에서 1995년까지 전체 핀란드 주택가격은 4.8%, 헬싱키는 6.3%나 하락하며 우리 예상대로 진행되었다.

하지만 그 이후 우리 예상과는 다른 방향으로 흘러갔다. 1995년부터 1999년까지 핀란드 전체 주택가격은 무려 45%나 올랐고 수도인 헬싱키는 더 올라서 62.8%나 상승했을 뿐만 아니라 그 외 지역도 38%나 올랐다. 인플레이션을 조정한 가격이니 체감할 수 있는 상승 금액은 훨씬 더 크다. 그 후에 다시 1999년에서 2001년까지 6.9%나 하락한 주택가격은 또다시 2001년부터 2008년 2분기까지 핀란드 전체가 무려 42%나 올랐고 헬싱키는 45.7%가 올랐으며 그 외 지역도 33.4%나 상승했다.

그 이후에도 지속적으로 핀란드의 주택가격은 지속적인 하락은커녕 올랐다 떨어졌다를 반복했다. 심지어 떨어졌을 때의 하락률에 비해 올랐을 때의 상승률이 훨씬 더 눈부실 정도였다. 가계 대출마저도 2000년에 GDP 대비 약 20%에서 2012년에는 무려 45%까지 12년 동안 2배도 넘게 증가했다. 한국은행에 해당하는 핀란드은행 자료니 의심스러운 분들은 직접 확인하기 바란다.

표9 핀란드의 주택가격지수

* 출처 : 핀란드 통계청

핀란드 사례가 핀란드만의 독특하고도 유일한 아웃라이어라고 주장할 수 있다. 그런 주장을 하는 사람에게 반문하고 싶은 것은, 바로 그렇다면 왜 폭락을 말할 때 일본 사례만 드는 것인가이다. 비슷한 시기에 똑같은 버블로 폭등과 폭락을 경험한 두 나라 사례를 공정하게 보여주며 이야기해야 하는 것이 아닐까. 핀란드와 일본은 독특하며 유일한 아웃라이어라고 주장하며 데칼코마니와 같이 반대 사례로 주장할 수 있다. 과연 그럴까.

이미 핀란드를 이야기할 때 북유럽 3개국이라고 표현했다. 스웨덴도 1991년 약 7만 호, 1992년에 약 6만 호 주택을 공급하다 1995년부터 7년 동안 겨우 약 1만 5,000호만 공급했다. 2000년대 내내 3만 호 이상 주택을 건설한 적이 없다. 1996년 GDP 대비 약 27% 정도 차지하던 가계 대출은 2014년에는 약 50% 정도까지 2배 증가했다. 폭락 시

표10 **스웨덴의 주택가격지수**

*출처 : 스웨덴 통계청

점인 1992년 1월 1일을 100으로 보았을 때 중간에 부침은 있었을지언정 2014년 1월 3일 기준으로 무려 370까지 주택가격이 올랐다. 이 역시도 스웨덴 통계청을 가면 모든 자료를 볼 수 있다.

일본과 북유럽 3개국은 똑같은 시기에 똑같은 버블을 겪었고 거의 비슷한 시기에 폭락을 겪었다. 그 이후 일본과 북유럽의 부동산은 다른 방향으로 흘러갔었다. 우리가 알고 있는 일본 사례는 일본만의 유일한 사례일 뿐만 아니라 이미 확인했듯이 상업지가를 비롯한 토지 가격일 뿐 주택가격은 그처럼 폭락하지도 않았다는 것을 알 수 있다.

생산가능인구와 부동산

결국 그들의 자식들도 부모를 버린 셈이었다. 그들의 사랑하는 아들딸마저도 부모를 CDPD에 넘기고 말았다는 얘기다. (중략) 몇 년 전부터 노인들을 배척하는 운동이 점점 노골화되고 있었다. (중략) 한 사회학자가 텔레비전 저녁 뉴스에 나와서 사회보장의 적자는 대부분 70세 이상의 노인들 때문에 생긴다는 사실을 증명해 보였다. _베르나르 베르베르, 《나무》

국내에서 유명한 프랑스 소설가 베르나르 베르베르의 《나무》에 나온 에피소드 중 하나다. 휴식, 평화, 안락 센터의 약자인 CDPD는 70세 이상의 노인들을 전부 특정 장소에 가둬 독극물로 죽인다는 소문이 파다하다. 인구 과밀과 실업은 물론이고 세금까지도 전부 70세 이상 노인들 때문이라며 노인들을 잡아 가뒀다. 소설 속 한 노인은 CDPD

에 잡혀 버스로 이송되는 도중 탈출을 감행한다. 숲 속으로 들어가 사냥을 하며 생존한다. 이 소문을 듣고 전국적으로 노인들이 들고일어난다. 이들은 정부에 맞서 싸우며 자신들의 권리를 주장한다. 이제 정부는 이들에게 독감 바이러스를 퍼뜨린다. 결국 저항했던 모든 노인들이 죽는다. 영웅이었던 노인은 마지막으로 남긴 말 "너도 언젠가는 늙은 이가 될 게다"로 소설은 끝난다.

어디까지나 소설 속 이야기지만 점점 노인 인구가 많아지며 생산가능인구가 줄어드는 미래의 어느 날 벌어질 최악의 상황일지도 모른다. 소설 속 이야기처럼 오늘을 살아가는 20대도 나중에는 노인이 된다. 전 세계적으로 지금까지 겪어보지 못했던 세상이 펼쳐지고 있다. 지금까지는 노인 연령층보다 늘 젊은 연령층이 더 많았다. 각종 질병과 전쟁, 자연재해로 인해 40세를 넘기지 못하던 인류의 평균수명은 손 씻기 등의 청결 유지와 의료 기술 발달로 점차 늘어나 과거에는 꿈도 꾸지 못할 평균수명 80세를 당연하게 여기게 되어 환갑 잔치는커녕 고희 잔치도 마다하는 실정이다.

65세를 기준으로 한 국가에서 65세 이상이 전체 인구의 7%일 때 고령화사회, 14%일 때 고령사회, 20% 이상일 때 초고령사회라고 한다. 우리가 이미 익히 알고 있는 일본은 1970년에 고령화사회가 되었고, 1994년에 고령사회, 2006년에 초고령사회로 접어들었다. 이 외에도 독일은 1932년에 고령화사회, 1972년 고령사회, 2010년에 초고령사회가 되었다. 스웨덴도 1887년에 고령화사회, 1977년에 고령사회, 2011년에 초고령사회가 되었다. 소설 《나무》의 배경인 프랑스는 1864년 고령화사회, 1979년 고령사회에 들어섰고 2019년에 초고령사회가 될 예정이다. 미국은 1942년에 고령화사회, 2014년에 고령사회가 되었고 2030년에 초고령사회가 될 예정으로 선진국 중에서는 가장 젊은 국가다.

한국은 2000년에 고령화사회가 되었고 2018년에 고령사회가 될 예정이며 2026년에 초고령사회가 된다. 선진국에 비해 상대적으로 시기는 늦지만 문제는 이행 속도가 너무 빠르다는 것이다. 프랑스가 고령화사회에서 고령사회로 가는 데 자그마치 115년이 걸렸고 고령사회에서 초고령사회로 가는 데 40년이 걸렸다. 독일은 고령화사회에서 고령사회로 가는 데 40년, 고령사회에서 초고령사회로 가는 데 38년 걸렸다. 스웨덴은 고령화사회에서 고령사회가 되는 데 85년, 고령사회에서 초고령사회가 되는 데 39년이 걸렸다. 미국은 고령화사회에서 고령사회로 가는 데 72년, 고령사회에서 초고령사회가 되는 데 16년이 걸릴 예정이다. 이 중에서도 일본은 고령화사회에서 고령사회가 되는 데 겨우 24년뿐이 안 걸렸고 고령사회에서 초고령사회가 되는 데 단지 12년뿐이 안 걸렸다.

문제는 한국이다. 한국은 고령화사회에서 고령사회가 되는 데 빨리빨리 문화처럼 18년밖에 안 걸리는 것도 모자라 고령사회에서 초고령사회로 이전하는 데는 눈 깜짝할 사이인 8년이면 족하다. 급격히 노인인구가 많아진다는 점 때문에 다른 국가에 비해 충분히 대비하지 못할 위험이 존재한다. 서서히 대비해온 국가들에 비해서 여러 문제가 도출될 가능성이 많다는 우려가 결코 우려가 아니다.

이제 곧 고령사회와 초고령사회가 될 한국이 앞으로 어떻게 될지는 아무도 모른다. 그저 예측하고 비교할 대상은 이미 고령사회와 초고령사회가 된 다른 국가와 비교하는 것이다. 일부 국가의 현재 모습이 한국의 미래이기 때문이다. 우리는 늘 일본 사례만 접해 그것만 알고 있다. 일본과 똑같은 시기에 버블을 경험한 북유럽 3개국이 일본과 달리 부동산 가격이 올랐다는 점을 우리는 이미 알고 있다. 실제로 스웨덴은 이미 1972년에 고령사회가 되었고 노르웨이도 1977년에 고령사회가 되었다. 일본보다 더 먼저 노인들이 훨씬 더 많은 국가가 되었는데도 일본과는 다른 방향으로 움직였다.

각국의 인구구성은 다양하다. 경제활동을 하는 인구가 있고 경제활동을 하지 않는 인구가 있다. 경제활동인구는 또 취업한 사람과 실업 상태인 사람으로 나뉜다. 경제활동을 하지 않는 인구에는 주부, 학생뿐만 아니라 구직 단념자도 포함된다. 국가에는 생산활동에 참여하는 사람이 많을수록 좋다. 이를 '생산가능인구'라고 한다. 일을 해서 소득이 생겨야 정부는 세금을 거둘 수 있고 다양한 정책을 펼칠 수 있다. 유아에서부터 노인에 이르기까지의 인구구성이 삼각형에서 마름모꼴 모형일 때 가장 이상적이다.

생산가능연령은 15세에서 64세까지를 말한다. 이 정도 나이는 생산적인 일을 하며 소득이 생겨 지출해서 국가 경제에도 도움이 되는 활동을 한다는 입장이다. 생산가능연령이 준다는 것은 그만큼 개인뿐만 아니라 국가 차원에서도 커다란 사회문제까지 될 가능성이 있다. 국가에 생산가능연령이 많을수록 좋다는 것은 확실하다.

2015년 7월 기획재정부 중장기전략위원회는 불과 2년 뒤인 2017년에 생산가능연령이 정점을 친 후 지속적으로 줄어 2018년에는 3,588만 명에서 2023년에는 3,441만 명으로 줄어든다고 발표했다. 재미있는 점은, 2011년 12월 통계청에서 발표한 〈장래인구추계〉에서 생산가능연령은 2014년에 정점에 달할 것이라고 보았다는 것이다. 재미있게도 생산가능연령을 비롯한 각종 통계 예측치는 시간이 흐르면서 계속 달라진다. 큰 틀에서는 맞지만 세부적으로는 계속 조정되며 예측보다는 정점에 달하는 시간이 늦어지고 있다.

어쨌든 생산가능인구가 줄어든다는 사실 자체는 변함이 없으니 점점 갈수록 생산가능연령이 줄어든다는 사실 자체를 부정할 수는 없다. 단, 시기의 문제일 뿐이다. 누가 이야기해도 변하지 않는 이 사실은 부동산 시장에서도 강력한 힘을 발휘한다. 노인 인구는 늘어나고 청장년층은 줄어드니 주택을 구입할 사람이 줄어들어서 공급보다 수요가 작아 주택가격이 떨어질 수밖에 없다고 한다. 우리가 아직 경험하지 못한 미래에 대한 다양한 예측은 얼마든지 가능하고 어떻게 예측하든 자유다. 아직 일어나지 않은 미래에 대해 이러쿵저러쿵 말하기보다는 간접 비교를 통해 예측하는 것이 훨씬 더 객관적일 수 있다.

대부분은 일본과 우리를 비교한다. 일본은 이미 생산가능연령이 1995년에 정점을 쳤고 2005년부터는 총인구가 감소하고 있다. 고령화되어 노인 천국이 된 일본을 예로 들며 부동산 가격도 떨어진 데이터를 보여준다. 일본 부동산 가격의 폭락은 단순히 인구구조 때문은 아니지만 인구구조와 결부시켜 설명한다. 이를 모두들 수긍하며 한국의 미래가 바로 일본이라고 말한다. 앞에서 일본 부동산 가격은 정확하게 주택보다는 상업지에서 훨씬 큰 폭으로 폭락했다고 언급했다. 주택가격은 생각보다 덜 떨어졌다는 사실도 보여주었다.

한국의 미래가 꼭 일본인 것은 아니다. 일본만 생산가능연령이 줄어든 것도 아니다. 버블로 부동산 가격이 폭락한 다른 국가들을 설명한 것처럼 일본뿐만 아니라 생산가능연령이 줄어든 국가들이 전부 우리가 알고 있는 — 그것이 진실인지 여부를 떠나 — 폭락했는지는 매우 중요하다. 혹시 일본만의 특이한 아웃라이어 사례가 아닌지 살펴봐야 한다.

일본보다 훨씬 먼저 고령화사회에 진입한 유럽의 경우를 보면, 프랑스는 1980년대 후반에 생산가능연령이 정점을 지났고 독일도 마찬가지였다. 영국은 1980년대 중반에 정점을 치고 내려갔다 다시 증가해서 2000년 중반에 정점을 치고 빠른 속도로 줄어들었다. 이탈리아는 1990년을 전후로 생산가능연령이 정점을 쳤다. 지금까지 우리가 알고 있던 사실로 보면 이들 국가들 전부에서 무조건 부동산 가격이 폭락했어야 맞다. 다시 말하지만 우리 대다수가 본 데이터는 일본 사례였다. 하지만 이들 국가들의 주택가격은 달랐다.

독일 통계청에서 발표한 자료에 따르면, 2010년의 주택가격을 100으로 했을 때 2001년에 100.7이었던 주택가격은 2007년에 2.1% 하락하여 96.9까지 주택가격지수가 떨어졌지만 그 이후 2008년에 1.3%, 2009년에 0.8%, 2010년에 1% 오른 것도 모자라, 2011년에는 3.5%까지 올라 주택가격지수가 103.5까지 올랐다. 특히 베를린, 뒤셀도르프, 프랑크푸르트, 함부르크, 쾰른, 뮌헨, 슈투트가르트 등 주요 7대 도시는 2010년에 3.4%가 오르고 2011년에는 무려 7%나 올랐다. 주택가격이 폭락하기는커녕 떨어지지도 않고 10년 동안 계속 올랐다.

프랑스는 2005년의 주택가격지수를 100으로 했을 때 2008년에는 120으로 이미 꽤 많이 오른 상태였고 2010년에 118까지 떨어진 후 2014년에는 121로 다시 올랐다. 영국은 더 놀라운데, 똑같이 2005년을 주택가격지수 100으로 놓았을 때 2008년에 117에서 2009년에 108로 바닥을 친 후 2014년에는 129까지 지속적으로 상승했다.

물론 고령화되어 생산가능연령이 줄어든 국가에서는 주택가격이 떨어진 국가도 있다. 이탈리아는 2008년에 116에서 2014년에 96, 에스

표11 생산가능인구 비중

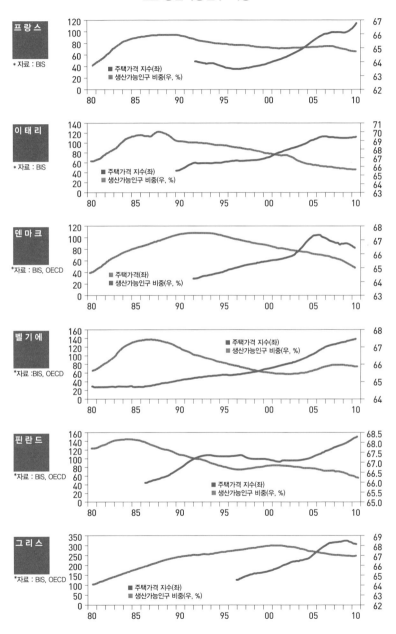

프랑스

*자료 : BIS

- 주택가격 지수(좌)
- 생산가능인구 비중(우, %)

이태리

*자료 : BIS

- 주택가격 지수(좌)
- 생산가능인구 비중(우, %)

덴마크

*자료 : BIS, OECD

- 주택가격(좌)
- 생산가능인구 비중(우, %)

벨기에

*자료 :BIS, OECD

- 주택가격 지수(좌)
- 생산가능인구 비중(우, %)

핀란드

*자료 : BIS, OECD

- 주택가격 지수(좌)
- 생산가능인구 비중(우, %)

그리스

*자료 : BIS, OECD

- 주택가격 지수(좌)
- 생산가능인구 비중(우, %)

파냐는 118에서 82, 네덜란드는 112에서 90으로 주택가격지수가 떨어졌다. 이처럼 주택가격이 오른 국가와 떨어진 국가가 모두 있으므로, 단순히 노인 인구가 늘어나고 생산가능연령의 정점이 지났다는 등의 단순한 인구구조로만 부동산 가격 문제를 보면 안 된다. 여러 생체 기능이 유기적으로 작용해서 움직일 수 있는 생물처럼 부동산 가격은 여러 요소가 복합적으로 작용해서 결정된다.

주택가격이 오른 국가들은 대체적으로 보다 개방적이고 이번 금융위기 이후에도 좀 더 빨리 회복했다. 또한, 이민 정책이 보다 활발하다는 공통점도 있다. 생산가능연령은 부동산 가격을 예측할 수 있는 중요한 변수인 동시에 부동산 가격을 하락시킬 가능성이 있는 요인의 하나일 뿐이다. 절대적인 불변의 진리가 아니다. 일본처럼 부동산이 하락한 데이터도 많지만 그 반대의 데이터도 얼마든지 많이 찾을 수 있다.

한두 가지의 잣대만 갖고 특정 사례를 침소봉대하는 것은 큰 잘못이다. 우리가 사는 세상은 그렇게 단순하지 않다. 여러 가지 복합적인 요인들이 서로 인접해서 영향을 미치며 발생하는 현상을 갖고 특정 사실만 보여주며 호도하는 것은 왜곡이다. 데이터란 데이터일 뿐이며 누가 어떻게 보여주느냐에 따라 다른 결과가 나온다. 우리가 '컵에 물이 반이나 남았다'고 주장하거나 '반밖에 남지 않았다'고 주장하는 것은 진실일 수 있어도 사실은 아니다. 정확한 표현은 '컵에 물이 반이다'가 맞다.

헤밍웨이는 일찍이 이런 말을 했다. '세상에는 세 가지 거짓말이 있다. 착한 거짓말, 나쁜 거짓말, 그리고 통계.'

한국이 일본될까

    1988년 전 세계에서 시가총액을 따졌을 때 상위 10개 기업 중 8개가 일본 기업이었다. 기업의 투자를 장려하기 위해 만든 투금계정은 1985년 9조 엔에서 1989년 40조 엔까지 늘어났고 일본 기업들은 본업이 아닌 투자에 몰입했다. 매입한 자산이 늘어난 만큼 시가총액도 늘어났다. 하지만, 1989년 38,915포인트였던 니케이 지수는 1990년 말 23,848포인트까지 떨어졌다. 1981년부터 1990년까지 도쿄의 지가는 5배 이상 폭등해 자산 가격은 하늘 높은 줄 모르고 올랐다. 그 후 1990년부터 2005년까지 상업 지가는 87.2%, 주택지가는 66.5% 하락해 전체 지가가 76.4%나 하락했다.

    이토록 부동산 가격이 하락했는데도 일본은 2008년까지 매년 최소 100만 호 이상의 주택을 계속 공급했다. 2010년부터 2014년까지 연평균 약 85만 호 안팎이었다. 그것도 공공기관이 아닌 민간 기업의 공급이 90% 이상을 차지했다. 우리와 달리 비교적 선호도가 떨어지고 물량이 적은 일본의 아파트는 1987년 2,784만 엔에서 1991년 4,488만 엔으로 오른 후 버블이 꺼진 2005년 3,492만 엔으로 떨어졌지만 2009년에는 다시 3,802만 엔으로 올랐다. 고점 대비로 봐도 84.7% 수준이므로, 흔히 알려져 있는 폭락과는 다소 거리가 멀다.

    일본과 비슷한 시기에 노르웨이, 스웨덴, 핀란드도 똑같이 버블을 경험했다. 1980년을 기준으로 할 때 1987년에 이들 나라는 부동산 가격이 평균 약 4배 정도 올랐다. 노르웨이는 1987년에서 1992년까지 부동산 가격이 30% 떨어졌고, 핀란드는 1989년에서 1992년까지 부동산 가격이 25% 떨어졌고, 스웨덴은 더욱 더 처참해서 1900년부터 1992년까지 부동산 가격이 무려 50%나 떨어졌다. 하지만 핀란드는 1995년부터 1999년까지 전체 주택가격이 무려 45%나 올랐고, 2001년부터 2008년 2분기까지 핀란드 전체는 무려 42%나 올랐다. 스웨덴을 보더라도 폭락이 정점에 달했던 1992년 1월 1일을 100으로 보았을 때 중간에 부침은 있었을지언정 2014년 1월 3일 현재 무려 370까지 주택가격지수가 올랐다.

15세부터 64세까지를 생산가능연령이라 한다. 생산가능연령의 인구수가 많을수록 국가에 활력이 넘치고 경제활동이 활발해서 국가에 도움이 된다. 한국의 경우 2015년 7월 기획재정부 중장기전략위원회의 예측에 따르면 2017년 생산가능연령이 정점을 칠 것이다. 생산가능연령이 1995년에 정점을 친 일본 사례를 볼 때 한국 부동산 가격도 떨어질 수밖에 없다는 많은 뉴스를 접한다. 일본처럼 부동산 가격이 떨어진 국가도 있다. 반면에 이미 생산가능연령이 1980년대 후반에 정점을 친 독일은 2010년을 기준으로 봐도 부동산 가격이 올랐다. 그 외에도 프랑스, 영국 등 일본과 달리 부동산 가격이 떨어지지 않고 오른 국가는 얼마든지 찾아볼 수 있다.

한국에서 가장 가까운 일본은 우리가 가장 쉽게 찾을 수 있는 비교대상이다. 그런데 막상 살펴보니, 우리가 알고 있는 데이터도 실제와 다소 다르다는 것을 발견했고, 다른 국가들에서 똑같은 데이터를 찾아보니 부

동산 가격이 떨어지지 않고 올랐다는 것을 확인할 수 있다. 한국이 반드시 일본처럼 될 것이라는 주장은 과도한 침소봉대가 아닌가 한다. 일본은 여러 사례의 하나일 뿐 한국의 유일한 미래는 아니다.

4장

장기적인
주택가격

건설비의 상승

1990년 초반 20대 초반이던 필자는 일용직으로 일했다. 친한 친구 하나가 함께 잡부 일을 할 생각이 없느냐고 물었다. 일명 '노가다'로 불리는 일용직으로 건설 현장에서 특별히 정해진 일을 하는 것이 아니라 그때마다 여러 가지 잡다한 일에 투입되어 뒤처리를 하는 업무였다. 딱히 힘을 쓰는 작업은 아니었고 대부분 사소하지만 내버려두면 쌓여서 문제가 될 만한 작업을 했다. 친구 아는 분 소개로 보름쯤 일했던 것 같다. 그 당시에 예상보다 훨씬 많게 일당 5, 6만 원을 받았던 것으로 기억한다.

친구와 함께 쉬엄쉬엄 했던 일이라 그리 힘들지는 않았다. 그 후 20대 후반에 해가 뜨기 시작하는 새벽에 주민증을 들고 인력 소개소에 찾아가 일용 잡부로 몇 번 일을 한 적이 있었다. 봉고 버스를 타고 지하철 5호선 건설 현장에 나가 삽으로 모래를 전부 옮긴 적도 있었다. 지하에 쌓인 모래라 사람의 손으로 할 수밖에 없었는데 다 옮기면 퇴근할 수 있어 무척 열심히 했다. 퇴근 시간이 다 되도록 마치지 못해 억울해했던 기억이 있는데 이때도 일당 5, 6만 원을 받았다.

다른 업종에 비해 일용직이 받는 일당은 IMF 구제금융 이후 외국인 노동자들의 유입으로 오르지 않은 채 낮은 상태를 형성했다. 구제금융 바로 직후에는 오히려 일당이 4, 5만 원으로 떨어지기까지 했다. 시간이 흘러 2015년 현재 일용직 근로자들의 하루 일당은 9만 원이다. 내가 일했던 당시와 비교하면 6만 원에서 9만 원으로 약 25년 동안 50% 상승했다. 시간당 최저 시급에 비하면 적게 상승한 것이지만, 건설 현장에 반드시 필요한 일용직 근로자들의 임금이 25년간 50% 상승한 셈이다.

2015년 9월 현재 인테리어 목수는 18~19만 원, 데모도로 불리는 목수조공은 10만 원, 전기 배선공은 11~12만 원, 전기용접공은 15~16만 원, 사모래라고 하여 모래랑 시멘트를 섞어 리어카로 운반하는 사람은 13만 원, 미장 및 타일공은 18~19만 원, 철거 인원은 13~16만 원, 철근공은 16~17만 원, 소방 및 온수배관 및 보온공은 12~14만 원, 벽돌 옮기는 조적곰방은 1개당 25~30원인데 보통 하루에 7,000장 정도 옮기며 숙련공은 1만 8,000장까지도 운반한다.

건축 평가나 건축비 보조, 융자 등 기준을 정하기 위해 표준으로 삼는 표준건축비가 있다. 공사비, 설계감리비, 부대비용 등이 여기에 포함된다. 국가에서 건설하는 임대아파트는 표준건축비라는 용어로 쓰고, 일반 아파트는 기본형 건축비라고 한다. 이는 주택을 건설할 때 건

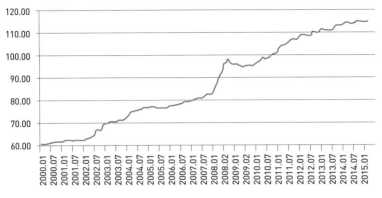

표12 주거용 건물 건설 공사비 지수

* 출처 : 통계청

설 비용의 원가를 정부가 고시한 가격으로, 주택 사업등록업자가 20가구 이상 지을 때 적용하도록 되어 있다. 표준건축비는 국토교통부에서 물가상승률을 감안해 조정하고 있다. 주택 규모에 따라 차등 적용된다. 분양 가격은 표준건축비에 토지 가격을 합한다.

표준건축비는 1994년에 ㎡당 83만 9,000원에서 1998년에 100만 7,000원으로 100만 원을 돌파한 후 지속적으로 올랐다. 2014년 12월 국토교통부 고시 제2014-880호 과밀부담금 부과를 위한 2015년도 표준건축비는 ㎡당 171만 5,000원으로 고시했다. 흔히 우리가 계산하는 평당 비용으로 따지면 약 565만 9,500원이다. 상가 주택이나 다가구주택의 경우 이보다 다소 적은 비용으로 건축되고 있다.

신문에 다음과 같은 뉴스가 실렸다. 수원의 한 경찰서에 층간 소음 신고 전화가 걸려왔다. 오전부터 계속 쿵쿵대는 소리에 아랫집에서 도저히 못 참고 신고했다. 경찰이 출동해서 윗집에 가보니 '살려달라'는 외침이 들렸다. 79세 독거노인이 화장실을 청소하러 들어갔다가 문이 고장 나 16시간 동안 갇혀 있었다. 그 노인은 층간 소음 신고 덕분에 구조될 수 있었다. 이런 경우를 제외하고는 층간 소음 문제로 이웃끼리 원수처럼 싸우는 경우가 갈수록 늘어나고 있다.

시멘트 바닥에 장판만 깔던 과거에 비해 이제는 마루를 까는 것이 대세다. 강화마루, 강마루, 온돌마루, 원목마루 등 대부분의 아파트 바닥에 마루가 깔리고 있다. 문제는 이런 마루가 층간 소음을 더욱 발생시키기도 했다. 국토교통부에서는 이를 위해 층간 소음 방지 가이드 라인까지 마련했다. 기술적으로 층간 소음을 막을 수 있으나 비용 문제로 소홀히 했던 부분이 이제 건축 비용에 포함되게 되었다.

과거에는 연탄을 피웠기 때문에 아랫목만 뜨겁고 다른 곳은 차가워서 이불을 덮지 않으면 방 안에서도 입김이 났다. 이제 건축 자재가 좋아지며 은박메트, 이보드, 아이스핑크, 압축스티로폼 등으로 단열이 좋아졌다. 예전에 알루미늄 섀시가 대다수였지만 하이 섀시로 이중창으로 만들어 단열 효과가 더욱 좋아진 만큼 건축 비용은 올라갔다.

1970년 4월 엄청난 뉴스가 보도되었다. 서울 창전동에 있는 와우아파트 한 동이 무너졌다는 소식이었다. 그것도 준공된 지 겨우 석 달 만에 일어난 일이었다. 잠을 자던 주민 33명이 사망했고 38명이 다쳤다. 당시에 1개 동에 들어간 건축 비용이 1,200만 원 정도였는데 와우아파트는 겨우 660만 원을 들여 건설되었다. 기술이 발달한 지금도 아파트를 건설하는 데 2~3년이 걸리는데, 와우아파트는 1969년 6월에 착공해 고작 6개월 만인 12월에 준공했다. 철근도 7개가 아닌 5개만 넣었고 시멘트도 거의 섞지 않은 것으로 드러났다.

주택 건설 비용을 무조건 낮출 수만은 없다. 거주 공간이 안전해야 한다는 사실은 이미 여러 사건 사고가 일깨워주었다. 우리는 와우아파트뿐만 아니라 여러 건물이 부실 공사로 무너지는 것을 경험했다. 이후로 안전진단이 더욱 엄격해졌고 건축자재도 튼튼한 것으로 짓고 있다. 단순히 미적 측면만 아니고 안전 측면에서 거주 공간을 튼튼하게 짓는 것은 이제 너무 당연한 일이다. 이에 맞게 좋은 건축자재를 써서 건설하고 있다.

한국 통계청에서 2010년을 기준으로 주거용 건물의 건설공사비 지수를 100으로 했을 때 최초 통계 시점인 2000년 1월은 60.65로 시작한다. 이후 꾸준히 올라 2010년 12월에 100.74까지 40.09가 올랐다. 2014년 9월에 115.45로 최대치를 보인 후 현재는 다소 떨어져서 2015년 5월 기준으로 114.22이다.

꾸준히 상승한 건설 비용이 분양가에 포함될 수밖에 없으니 주택가격도 오를 수밖에 없다. 주택가격에 포함되는 것 중 하나인 인건비의 상승과 여러 고급 자재의 비용이 꾸준히 상승할 수밖에 없다. 지금까지 살펴본 것처럼 건설 비용은 하락이 아닌 상승이 당연한 것이고 주택가격에 필수적으로 포함될 수밖에 없다. 신규 주택 분양 가격을 올려 상승을 주도하는 것이 아니라 필수 비용이 올라가 신규 주택 분양 가격이 올라가는 것이다.

열심히 현장에서 일하시는 분들의 인건비를 떨어뜨리고 건축자재 비용도 떨어뜨린다면 부실 공사가 될 수밖에 없다. 이런 상황을 볼 때 주변에 비해 터무니없이 분양 가격이 낮을 때는 의심부터 해야 한다. 아무리 욕을 하고 믿을 수 없다고 성토해도 건설 비용만으로도 주택가격은 올라갈 수밖에 없는 구조다.

아파트 단지 공화국

2010년 인구주택총조사 중 가구주택 부분에서 2010년 11월 1일 현재 총 가구 숫자는 1,757만 4,000가구로 수도권에 47.9%가 분포해 있다. 이 중에 주된 가구 유형은 2인 가구이며 전체 주택 유형 중 아파트 거주 가구 비율은 47.1%로서 단독주택 비율 39.6%를 처음으로 추월했다. 단독주택에는 다가구주택을 포함한다.

아파트의 역사는 생각보다 오래되었다. 최초의 아파트는 2,000년 전까지 거슬러 올라가 로마 시대에 서민 임대용으로 지은 '인슐라'다. 1층에는 상가가 있고 그 위로 주거 공간이 있었는데 대부분 2~5층 아파트에서 살았고 가장 높았던 것은 24m 높이의 8층짜리 아파트로 지금으로 치면 주상복합 아파트이다.

현대적인 의미의 아파트는 영국 산업혁명 당시에 시골에서 도시로 몰려든 사람들에게 제공한 집합 주택으로 고급스러운 이미지보다는 가난한 노동자의 주거지라는 인식이 강했다. 영국에는 이를 플랫(flat)이라 한다. 하나 또는 그 이상의 방으로 이루어진 한 가구가 독립된 공간을 따로 둔 채 건물 안에 계단과 복도를 공용으로 사용하며 여럿이 모여 사는 주거 공간을 아파트먼트라 하며 그 건물을 아파트먼트 하우스라고 한다.

한국은 1932년 일제강점기 때 건설된 서울 충정로의 5층짜리 유림아파트가 최초이다. 1961년 대한주택공사가 서울 마포에 도화아파트를 건설했는데 이를 근대식 아파트의 시작으로 본다. 건축법 시행령에 따르면 5층 이상의 공동주택을 아파트라 규정하고 4층 이하는 연립주택으로 구분한다. 한국 아파트의 대표적인 배치 방법은 복도형과 계단형이 있다. 가장 대표적인 주거 형태로서 외국과 달리 중산층이 가장 선호하는 주택 유형이다.

대규모의 대지 위에 똑같이 설계된 구조의 아파트가 몇백 호에서 몇천 호까지 동일하게 획일적으로 건설되었다. 국민주택 규모라고 하여 1세대당 85㎡ 이하인 주택을 일컫는다. 기준인 85㎡를 넘으면 대형 규모가 된다. 각종 청약과 세금측면에서도 기준점이다. 평수로 치면 33평형이다. 어느 호를 방문해도 동일한 구조로 되어 있어 내부 구조를 보지 않고 평면도를 참고하거나 옆 호를 구경해도 알 수 있도록 건축되었다.

외국과 달리 한국의 아파트 구조는 전통적인 한옥 구조다. 한옥 구조란 안마당을 중심으로 모든 방이 구성되어 있는 걸 말한다. 또한 모든 방은 마당을 향해 열려 있다. 실제로 한국 주택은 대부분 거실을 중요하게 여긴다. 안방과 작은방은 물론이고 부엌도 거실을 중심으로 향해 있다. 모든 생활의 중심도 거실 위주로 연결된다.

영국처럼 한국도 산업화가 진행되며 도시의 인구가 늘어났지만 주택 수는 적었다. 토지를 넓힐 수는 없어도 주택을 위로 올리는 것은 가능했다. 아파트는 가장 최적의 대안이었다. 한국의 아파트가 외국의 아파트와 가장 차별되는 점은 바로 단지형이라는 것이다. 아파트 단지 자체가 하나의 도시로 기능한다. 과거 적의 침략으로부터 보호하기 위해 성 안에 머물렀던 것처럼 아파트 내부를 외부와 차단하고 출입 공간도 협소하게 만든다.

아파트는 보안성뿐만 아니라 점차 편리성까지 갖췄다. 아파트 단지에 도서관, 수영장, 헬스장은 물론이고 커피숍, 대형 마트를 유치하기도 한다. 그러면서 타인과는 구별되는 배타성을 띠기도 한다. 단지 사람이 아니면 통행하지 못하도록 한다. 엄연히 사유재산이라는 이름으로 외부와 차단한다. 이 모든 편리성과 보안은 어디까지나 입주민들의 관리비에서 나온다.

아파트는 또 하나의 소국가처럼 자체적으로 운영된다. 아파트 단지 밖이 지저분하고 정리되지 않아도 단지 내부는 끊임없이 정리하고 청소하고 화단을 꾸미며 가꾼다. 이 모든 것은 입주민들이 낸 관리비로 운영되기에 아파트는 배타성을 갖는다. 관리비는 마치 세금처럼 눈먼 돈이 되어버린다. 한 가구가 내는 돈은 몇만 원에서 몇십만 원이지만 이 돈이 모이면 어마어마한 돈이 되어 관리비 비리에 대한 이야기가 끊임없이 나오고 관리비 주체와 사용처를 두고 법적 소송까지 벌이며 복마전이 벌어진다.

아파트는 어느덧 거주 공간보다는 신분을 나타내는 공간이 되었다.

멀쩡한 길이 이어지다 끊긴다. 아파트가 이를 단절하기 때문이다. 도시 미관과는 전혀 상관없이 조화를 이루지 않는 아파트 단지를 조성한다. 이로 인해 공간의 비효율이 이루어지지만 어느 누구도 신경 쓰지 않는다. 어느 아파트 단지에 사느냐가 신분 상승의 지름길마저 되었다. 이 덕분에 분양가와 관리비가 비싸지고 가격이 높게 형성되지만 어느 누구도 이에 대해 지적하지 않는다.

정확하게는 정부가 해야 할 일을 국민 각자가 스스로 하고 있는 것이다. 단지 내 주민들이 활용하는 모든 것들은 국민을 위해 국가가 보장해줘야 하는 기본단위다. 아파트가 아닌 빌라에 살아도 국가에서 보안을 보장하고 단독주택 주변에 아파트처럼 편리한 시설들을 세워준다면 모두가 다 아파트를 선호하지는 않을 것이다.

한국의 아파트는 외국에 비해 엄청 밝다. 가장 큰 이유는 바로 남향이기 때문이다. 남향으로 짓기 위해 노력하고 베란다를 면적에 포함하지 않는다. 이를 서비스 면적으로 친다. 외국은 베란다를 공용면적으로 외부에 노출하는 데 비해 우리는 이를 새시로 막으며 방을 확장하고 개인 공간으로 만들어 가격을 올린다.

우리에게 거주 공간은 먹고 자고 휴식하며 충전하는 안식처다. 개인별로, 세대별로 공간 활용도는 다를 수밖에 없다. 가족 구성원에 따라 또 다르다. 획일화된 한국의 아파트는 공간을 죽여버린다. 각자 사정에 맞는 공간 활용도 없이 공간에 맞게 자신들의 삶을 구겨넣는다. 단순히 거주 목적과 여가(의 대부분인 휴식) 목적의 기능만 활용되면서 공간이 낭비되고 있다. 주된 활동 영역이 거실임에도 쓸데없이 큰 안방과 활용도가 떨어지는 방들을 만들어 주택가격을 올리기도 한다.

모델 하우스를 방문하면 온갖 미사여구와 함께 아파트 내부 구조를 보여준다. 대부분 서비스 면적을 확장한 상태로 보여주고 주변 도시 환경과의 조화보다는 오로지 아파트 단지 내부에 어떤 편의 시설이 있는지 알려주며 3베이, 4베이 하며 보여준다. 이토록 아파트 단지는 주변 시설 모두를 집어삼킨다.

아파트는 대표적인 한국의 주택 유형이다. 시골에도 달랑 1동짜리 아파트를 지을 정도로 아파트는 단지 주택이라는 기능보다는 신분을 대표하는 주택이 되었다. 대체적으로 소득 2, 3, 4분위가 선호하고 주로 거주하는 주택이다. 갈수록 아파트는 더욱 늘어날 것이다. 그것도 아파트 단지가. 그 결과로 단독주택과 달리 소요되는 각종 비용이 늘어나고, 거주 비용도 늘어날 수밖에 없다.

아파트가 프랑스처럼 1층 출입문이 곧장 도로와 맞닿아 주변과 조화를 이루어 지어진다면 훨씬 더 도시 미관이 좋아지며 주택가격도 완만하게 상승할 테지만, 지금처럼 배타적인 아파트 단지 공화국의 기능이 부각된다면 가격 상승은 당연한 결과가 된다. 물론, 국가가 해야 할 역할을 민간에 떠넘기고 있는 점도 무시하거나 소홀히 다룰 수 없다. 이런 것들이 전부 건축비에 포함된다는 사실도 잊지 말아야 한다.

온 국민이 모두 아파트에 목매달고 아파트 입주를 원하며 아파트 단지가 하나의 국가 기능을 하는 한, 아파트에 대한 선호는 결코 사그라들지 않을 것이다. 대다수 국민이 선호하는 아파트 가격이 상승하는 것은 명약관화일지도 모른다.

주택 가격의 변화

고대에는 국가라는 개념보다는 도시라는 개념이 더 어울렸다. 아테네처럼 하나의 도시가 국가로 역할을 했다. 그 이후로 로마도 마찬가지였다. 시간이 지나면서 도시는 갈수록 더욱 더 발전했다. 먹고살 수 있는 모든 환경이 도시에 집중되어 사람들은 도시로 모여들었다. 돈을 벌 수 있는 환경과 교육 혜택까지 포함하면 도시의 승리라는 표현이 결코 어색하지 않다.

한 국가의 모든 문화, 교육, 행정, 사회 구성이 전부 도시를 중심으로 이루어지고 있다. 물 먹는 하마처럼 도시는 모든 인재들마저 삼키고 있다. 인재들이 모여든 도시는 다시 또 신규 직업과 기업을 창출하며 다시 또 도시로 몰려들게 만든다. 어떤 도시는 작은 국가보다도 훨씬 더 큰 공간과 많은 인원을 간직한 메가시티로 존재한다. 도시로 몰려드는 인원을 효율적으로 품기 위해서 한국에서는 아파트가 가장 뛰어난 존재감을 드러냈다.

한국에 존재하는 여러 주택은 다음과 같이 구분한다. 주택으로 쓰이는 층수가 3개층이며 바닥 면적의 합계가 660㎡ 이하면서 19세대 이하가 거주하면서 공동주택에 해당하지 않는 경우를 다가구주택이라 한다. 660㎡ 이하인 4층 이상의 공동주택을 다세대주택이라 한다. 660㎡를 초과하되 4층 이하로 기숙사를 포함하는 공동주택을 연립주택이라 한다. 5층 이상의 공동주택을 아파트라고 한다. 그 외에는 단독주택으로 보면 되는데 단독주택에 다가구주택이 포함되고 연립주택에는 다세대주택이 포함되어 통계로 집계된다.

국토교통부에서는 전국 189개 시, 군, 구의 주택을 모집단으로 하여 통계 추출하는데, 1만 9,207개(아파트 1만 4,334개, 단독주택 2,227개, 연립주택 2,646개)를 조사대상 표본지로 선정하여 전국 주택가격을 동향 조사한 뒤 지역별 주택가격지수를 산출한다. 1986년에 최초로 지수를 선정하여 매월 주택 매매 가격의 증감률을 발표한다.

1986년에는 전국 주택 매매 가격 증감률이 -2.7%로 시작했다. 1990년에는 무려 21% 상승을 보였던 증감률은 1998년에 -12.4%까지 떨어지기도 했다. 하지만 그 이후 2002년에는 무려 16.4%나 되는 상승을 다시 보여주었다. 부동산 정책이 강화된 2004년에 -2.1%로 하락한 후에는 지속적인 상승세를 보였다. 2006년에 11.6%로 급격히 상승한 후에는 완만한 상승을 보이며 2015년까지 상승세가 지속되고 있는 상태다.

조사는 매월 15일이 포함된 주의 월요일을 기준일로 한다. 2012년

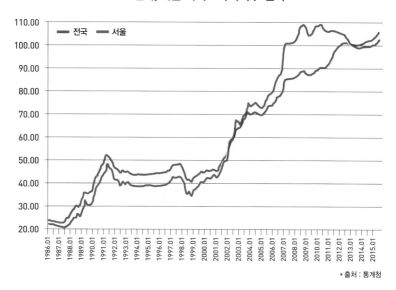

표13 전국/서울 아파트가격지수 변화

*출처 : 통계청

11월을 100으로 기준을 정한 후 지수를 산정하고 있다. 서울 경우에는 1998년에 무려 -13.2%나 떨어진 적도 있으나 1989년에 16.6%, 1990년에 24.2%나 상승한 것을 비롯해서 2002년에는 22.5%, 2006년에는 18.9%나 오르기도 했다. 전체적으로 총 10번의 하락과 19번의 상승이 있었다.

주택가격은 대표적으로 한국감정원과 국민은행에서 지수와 가격을 산정해서 발표하고 있다. 한국 감정원은 1969년 4월 정부와 산업은행 및 5개 시중은행이 공동출자하여 자산을 공정하게 감정, 평가할 목적으로 설립된 후에 2009년 4월 '주택법'에 의거 주택가격 동향을 조사하는 기관이 되었다. 국민은행이 합병한 구 주택은행은 1967년 3월 서민

주택자금의 조성과 공급 및 관리 등의 주택금융을 효율적으로 수립하고 수행하기 위해 한국주택금고를 설립했다. 이후 1969년 한국주택은행법에 의거 한국주택은행으로 변경하였다. 처음부터 서민 주택자금을 위해 설립된 주택은행은 IMF 구제금융 이후에 금융기관의 구조조정으로 2000년 12월에 국민은행에 합병되어 현재는 국민은행이 이 업무를 맡아 1986년 1월부터 주택가격을 발표해왔다.

각각 지수를 산정하는 방식이 달라 아파트 규모별 구분도 다르다. 한국 감정원은 85㎡를 기준으로 전용면적 60㎡ 이하를 소형, 60㎡ 초과 85㎡ 이하를 중소형, 85㎡ 초과 135㎡ 이하를 중대형, 135㎡ 초과를 대형으로 구분한다. 이에 반해 국민은행은 40.0㎡ 미만을 소형, 40.0㎡ 이상 62.81㎡ 미만을 중소형, 62.81㎡ 이상 95.86㎡ 미만을 중형, 95.86㎡ 이상 135.0㎡ 미만을 중대형, 135.0㎡ 이상을 대형으로 구분한다.

2006년 1월 기준으로 한국감정원의 아파트 실거래가격지수를 보면 전국 아파트 실거래가격지수는 2006년 12월에 117.9까지 오른 후 2007년 12월에 123.7로 완만히 상승했고 2008년 12월에 118.6으로 떨어졌다. 2009년에 다시 오르기 시작해 12월에 130으로 상승했지만 2010년 12월에는 132.2정도였다. 2011년 12월 140.8, 2012년 12월 137.2, 2013년 12월 143.6, 2014년 12월 151.1로 상승한 끝에 2015년 6월 현재 158.1로, 전국 아파트 실거래가격지수는 중간에 횡보하거나 하락한 적은 있어도 지속적인 상승세를 보였다.

수도권 아파트 실거래가격지수도 마찬가지로 2006년 1월을 100으로 보면 2008년 7월 148.8까지 쉬지 않고 올라갔으나 2008년 12월에 126.9까지 급격히 내린 후 2010년 4월 140.5까지 다시 오른 다음에 2010년대 내내 130에서 머문다. 2012년 7월부터 2013년 8월까지 120에서 횡보를 하다가 2013년 9월 130을 찍고 지속적으로 오르며 2015년 6월에는 158.1까지 지수가 상승했다.

서울, 수도권과 6대 광역시를 제외한 지방 아파트 실거래가격지수의 경우에도 2006년 1월을 지수 100으로 보면 2008년 6월이 되어서야 110으로 상승했고 그해 12월부터 다시 110 밑으로 빠져 횡보를 하다가 2009년 5월에 다시 110.1로 겨우 오른 후에 2010년 7월에 120.4까지 올랐다. 2011년 2월에 132.5로 올라가자마자 곧장 2011년 6월에 141.2로 급격히 오르고 한동안 140에 갇혀 있던 지수는 2013년 4월에 150.4로 오른 다음에 2014년 9월 161.1로 상승하고 2015년 6월 현재 170.7로, 지수상으로 볼 때 수도권이나 서울보다 훨씬 더 큰 상승을 보이고 있다.

참고로 모든 지수를 똑같이 2006년 1월을 지수 100으로 하고 2015년 6월 현재 서울은 140.4, 부산은 179.7, 대구는 168.4, 인천은 153.7, 광주는 176.8, 대전은 133.1, 울산은 210.1, 세종은 122.9이다. 이외에 경기도는 143. 강원도는 145.5, 충청북도는 167.4, 충청남도는 146.3, 전라북도는 173.8, 전라남도는 181.4, 경상북도는 173.2, 경상남도는 178.8, 제주도는 207.1로 모든 지역이 전부 2006년 1월에 비해 지수가 상승했다.

국민은행도 1986년부터 지수를 발표하기 시작했다. 국민은행은 현재 2013년 3월을 지수 100으로 조정했다. 전국 아파트가격지수는 2013년 3월과 비교해 1986년 1월이 24로 출발한다. 근 30년에 걸쳐 지수가 76포인트 올랐다. 그 이후 2013년 잠시 100 밑으로 내려간 적도 있지만 꾸준히 올라 2015년 8월 현재 106.5까지 상승했다. 전

표14 전국, 수도권 및 지방의 주택가격지수 추이

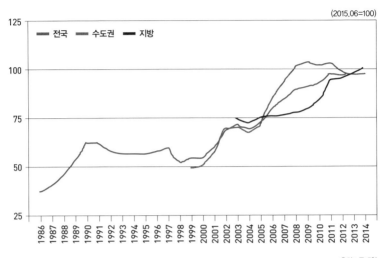

(2015.06=100)

＊출처 : 통계청

국 아파트 매매 가격을 전년 말과 비교할 때 1990년이 32.28%로 가장 많이 상승한 해이고 2002년이 22.78%로 두 번째로 많이 상승한 해이다. 반면에 1998년에 -13.56%로 가장 많이 하락했고 1992년에 -4.97%로 두 번째로 많이 하락한 해이고 2010년대에는 2012년에 유일하게 -0.18% 떨어진 걸 제외하면 전년도에 비해 상승만 했다.

국민은행에서 지수를 발표한 1986년 1월을 기준으로 할 때 2015년 8월 현재 전국 주택 매매 가격은 168.7%, 서울은 177.44%, 서울 한강을 기준으로 강북은 102.18%, 강남은 262% 올랐다. 또한 부산은 163.17%, 대구는 152.05%, 인천은 150.92%, 광주는 86.3%, 대전은 112.07%, 울산은 245.22% 올랐다. 이뿐만 아니라 아파트만 살펴보면 1986년 1월 기준으로 할 때 전국은 342.95%, 서울은 357.7%, 강북은 229.58%, 강남은 434.16% 올랐다. 아울러 부산은 368.24%, 대구는 297.47%, 인천은 258.35%, 광주는 202.02%, 대전은 193.2%, 울산은 301.25%로 전국 주택 매매 가격에 비해 아파트 가격이 월등히 더 높게 올랐다는 사실을 확인할 수 있다.

이상과 같이 도시로 몰려온 사람들에게 효율적인 거주 공간을 제공하기 위해 건설된 아파트는 일반 주택인 다가구, 연립, 단독주택에 비해 가격이 훨씬 더 많이 상승했다는 것을 풍문이 아닌 실제 데이터를 근거로 확인할 수 있다. 단순 거주 목적이 아닌 투자 목적으로도 많은 사람들이 아파트 구입을 고민하는 이유를 알 수 있다. 특정 몇 년만 놓고 볼 때 아파트 가격은 횡보하거나 하락한 적은 있어도 장기 시계열로 보면 과거보다 올랐다는 것을 확인할 수 있다.

노후 주택의 증가

영원한 것은 없다. 중국의 진시황은 불로장생을 꿈꾸었지만 끝내 이루지 못했다. 인간이 80세를 넘어 100세까지 살 수 있는 시대가 되었지만 영원 무구할 수 없다. 건물도 수명이 있다. 얼마나 튼튼하게 지었느냐에 따라 수명이 달라지겠지만 불행히도 그동안 고도 개발에 주력해온 한국은 튼튼하게 짓기보다는 경쟁적으로 빨리 짓는 데만 몰두했다. 특히 서울 주변 신도시들은 부실 공사가 사회문제로 대두될 정도였다.

군이 이런 경우가 아니더라도 건물이 노후화되면 재건축이나 재개발이 진행된다. 재건축은 주거 환경을 개선하기 위해 시행하는 것으로 관리처분계획에 따라 공동주택이나 단독주택을 건설하는 것을 의미한다. 거주하기 힘들 정도로 노후화된 주택을 재건축해서 신규 주택으로 다시 건축한다는 의미다. 국가에서는 다음과 같은 건축물을 노후·불량건축물로 지정하고 재건축 허가를 신청할 수 있게 한다.

도시 및 주거환경정비법 시행령

제2조(노후·불량건축물의 범위) ① 법 제2조제3호나목에 따라 특별시·광역시·도·특별자치도 또는 「지방자치법」 제175조에 따른 서울특별시·광역시 및 특별자치시를 제외한 인구 50만 이상 대도시(이하 "대도시"라 한다)의 조례(이하 "시·도 조례"라 한다)로 정할 수 있는 건축물은 다음 각 호의 어느 하나에 해당하는 건축물을 말한다.〈개정 2005. 5. 18, 2008. 10. 29, 2009. 8. 11, 2012. 4. 10, 2012. 7. 31〉

1. 「건축법」 제57조제1항에 따라 당해 지방자치단체의 조례가 정하는 면적에 미달되거나 「국토의 계획 및 이용에 관한 법률」 제2조제7호의 규정에 의한 도시·군계획시설(이하 "도시·군계획시설"이라 한다) 등의 설치로 인하여 효용을 다할 수 없게 된 대지에 있는 건축물

2. 공장의 매연·소음 등으로 인하여 위해를 초래할 우려가 있는 지역 안에 있는 건축물

3. 당해 건축물을 준공일 기준으로 40년까지 사용하기 위하여 보수·보강하는 데 드는 비용이 철거 후 새로운 건축물을 건설하는 데 드는 비용보다 클 것으로 예상되는 건축물

② 법 제2조제3호 다목에 따라 시·도 조례로 정할 수 있는 건축물은 다음 각 호의 어느 하나에 해당하는 건축물을 말한다.〈개정 2005. 5. 18, 2009. 8. 11, 2012. 4. 10〉

1. 준공된 후 20년 이상의 범위에서 조례로 정하는 기간이 지난 건축물

2. 「국토의 계획 및 이용에 관한 법률」 제19조 제1항 제8호의 규정에 의

한 도시·군기본계획의 경관에 관한 사항에 저촉되는 건축물

3. 건축물의 급수·배수·오수설비 등이 노후화되어 수선만으로는 그 기능을 회복할 수 없게 된 건축물

제6조(정비구역이 아닌 구역에서의 주택재건축사업의 대상) 법 제2조 제9호 나목(2)에서 "대통령령이 정하는 주택"이란 「주택법」 제16조에 따른 사업계획승인 또는 「건축법」 제11조에 따른 건축허가(이하 이 조에서 "사업계획승인등"이라 한다)를 받아 건설한 아파트 또는 연립주택(「건축법 시행령」 별표 1 제2호 가목에 따른 아파트 또는 같은 호 나목에 따른 연립주택을 말한다. 이하 이 조에서 같다) 중 노후·불량건축물에 해당하는 것으로서 다음 각 호의 어느 하나에 해당하는 것을 말한다. 다만, 「건축법」 제11조에 따른 건축허가를 받아 주택 외의 시설과 주택을 동일 건축물로 건축한 것은 제외한다. 〈개정 2003. 11. 29, 2005. 5. 18, 2008. 10. 29, 2008. 12. 17〉

1. 기존 세대수가 20세대 이상인 것. 다만, 지형여건 및 주변 환경으로 보아 사업시행상 불가피하다고 시장·군수가 인정하는 경우에는 아파트 및 연립주택이 아닌 주택을 일부 포함할 수 있다.

2. 기존 세대수가 20세대 미만으로서 20세대 이상으로 재건축하고자 하는 것. 이 경우 사업계획승인 등에 포함되어 있지 아니하는 인접대지의 세대수를 포함하지 아니한다.

제10조(정비계획의 수립대상지역) ① 법 제4조 제1항 본문의 규정에 의하여 시장·군수는 별표 1의 요건에 해당하는 지역에 대하여 법 제4조 제1항의 규정에 의한 정비계획(이하 "정비계획"이라 한다)을 수립할 수 있다.

② 시장·군수는 정비계획을 수립하는 경우에는 다음 각호의 사항을 조사하여 별표 1의 요건에 적합한지 여부를 확인하여야 하며, 정비계획을 변경하고자 하는 경우에는 변경내용에 해당하는 사항을 조사·확인하여

야 한다.〈개정 2009. 8. 11, 2012. 4. 10〉

1. 주민 또는 산업의 현황

2. 토지 및 건축물의 이용과 소유현황

3. 도시·군계획시설 및 법 제2조제4호의 규정에 의한 정비기반시설(이하 "정비기반시설"이라 한다)의 설치현황

4. 정비구역 및 주변지역의 교통상황

5. 토지 및 건축물의 가격과 임대차 현황

6. 정비사업의 시행계획 및 시행방법 등에 대한 주민의 의견

7. 그 밖에 시·도 조례로 정하는 사항

③ 시장·군수는 법 제2조 제8호의 규정에 의한 사업시행자(사업시행자가 2 이상인 경우에는 그 대표자를 말하며, 이하 "사업시행자"라 한다)로 하여금 제2항의 규정에 의한 조사를 하게 할 수 있다.

[별표 1] 〈개정 2012. 7. 31〉

정비계획 수립대상구역(제10조제1항관련)

1. 주거환경개선사업을 위한 정비계획은 다음 각목의 어느 하나에 해당하는 지역에 수립한다.

가. 1985년 6월 30일 이전에 건축된 법률 제3719호 「특정건축물정리에 관한 특별조치법」 제2조에 따른 무허가건축물 또는 위법시공건축물과 노후·불량건축물이 밀집되어 있어 주거지로서의 기능을 다하지 못하거나 도시미관을 현저히 훼손하고 있는 지역

나. 「개발제한구역의 지정 및 관리에 관한 특별조치법」에 의한 개발제한구역으로서 그 구역지정 이전에 건축된 노후·불량건축물의 수가 당해 정비구역안의 건축물수의 50퍼센트 이상인 지역

다. 주택재개발사업을 위한 정비구역안의 토지면적의 50퍼센트 이상의 소유자와 토지 또는 건축물을 소유하고 있는 자의 50퍼센트 이상이 각

각 주택재개발사업의 시행을 원하지 아니하는 지역

라. 철거민이 50세대 이상 규모로 정착한 지역이거나 인구가 과도하게 밀집되어 있고 기반시설의 정비가 불량하여 주거환경이 열악하고 그 개선이 시급한 지역

마. 정비기반시설이 현저히 부족하여 재해발생시 피난 및 구조 활동이 곤란한 지역

바. 건축대지로서 효용을 다할 수 없는 과소필지 등이 과다하게 분포된 지역으로서 건축행위 제한 등으로 주거환경이 열악하여 그 개선이 시급한 지역

사. 「국토의 계획 및 이용에 관한 법률」 제37조제1항제5호에 따른 방재지구로서 주거환경개선사업이 필요한 지역

2. 주택재개발사업을 위한 정비계획은 노후·불량건축물의 수가 전체 건축물의 수의 3분의 2(시·도 조례로 비율의 10퍼센트 범위에서 증감할 수 있다) 이상인 지역으로서 다음 각목의 1에 해당하는 지역에 대하여 수립한다. 이 경우 법 제35조 제2항의 규정에 의한 순환용주택을 건설하기 위하여 필요한 지역을 포함할 수 있다.

가. 정비기반시설의 정비에 따라 토지가 대지로서의 효용을 다할 수 없게 되거나 과소토지로 되어 도시의 환경이 현저히 불량하게 될 우려가 있는 지역

나. 노후·불량건축물의 연면적의 합계가 전체 건축물의 연면적의 합계의 3분의 2(시·도 조례로 비율의 10퍼센트 범위에서 증감할 수 있다) 이상이거나 건축물이 과도하게 밀집되어 있어 그 구역 안의 토지의 합리적인 이용과 가치의 증진을 도모하기 곤란한 지역

나. 제1호라목 또는 바목에 해당하는 지역

3. 기존의 공동주택을 재건축하기 위한 주택재건축사업 정비계획은 제1호, 제2호 및 제4호에 해당하지 아니하는 지역으로서 다음 각 목의 어느

하나에 해당하는 지역에 대하여 수립한다.

가. 건축물의 일부가 멸실되어 붕괴나 그 밖의 안전사고의 우려가 있는 지역

나. 재해 등이 발생할 경우 위해의 우려가 있어 신속히 정비사업을 추진할 필요가 있는 지역

다. 노후·불량건축물로서 기존 세대수 또는 재건축사업 후의 예정세대수가 300세대 이상이거나 그 부지면적이 1만 제곱미터 이상인 지역

라. 3 이상의 「건축법 시행령」 별표 1 제2호 가목에 따른 아파트 또는 같은 호 나목에 따른 연립주택이 밀집되어 있는 지역으로서 제20조에 따른 안전진단 실시 결과 전체 주택의 3분의 2 이상이 재건축이 필요하다는 판정을 받은 지역으로서 시·도 조례로 정하는 면적 이상인 지역

4. 도시환경정비사업을 위한 정비계획은 다음 각목의 어느 하나에 해당하는 지역에 대하여 수립한다.

가. 제2호 가목 또는 나목에 해당하는 지역

나. 인구·산업 등이 과도하게 집중되어 있어 도시기능의 회복을 위하여 토지의 합리적인 이용이 요청되는 지역

다. 당해 지역 안의 최저고도지구의 토지(정비기반시설용지를 제외한다)면적이 전체토지면적의 50퍼센트를 초과하고, 그 최저고도에 미달하는 건축물이 당해 지역안의 건축물의 바닥면적합계의 3분의 2 이상인 지역

라. 공장의 매연·소음 등으로 인접지역에 보건위생상 위해를 초래할 우려가 있는 공업지역 또는 「산업집적활성화 및 공장설립에 관한 법률」에 의한 도시형 업종이나 공해발생정도가 낮은 업종으로 전환하고자 하는 공업지역

마. 역세권 등 양호한 기반시설을 갖추고 있어 대중교통 이용이 용이한 지역으로서 「주택법」 제38조의6에 따라 토지의 고도이용과 건축물의 복합개발을 통한 주택 건설·공급이 필요한 지역

5. 주거환경관리사업을 위한 정비계획은 다음 각 목의 어느 하나에 해당하는 지역에 수립한다.

가. 전용주거지역, 제1종일반주거지역 및 제2종일반주거지역 중 단독주택 및 다세대주택 등이 밀집한 지역으로서 주거환경의 보전 · 정비 · 개량이 필요한 지역

나. 법 제4조의3에 따라 해제된 정비구역 및 정비예정구역

다. 기존 단독주택 재건축사업 또는 주택재개발사업을 위한 정비구역의 토지등 소유자의 50퍼센트 이상이 주거환경관리사업으로의 전환에 동의하는 지역

라. 「도시재정비 촉진을 위한 특별법」 제7조제2항에 따라 재정비촉진지구가 해제된 지역 및 같은 법 제2조 제6호에 따른 존치지역

6. 무허가건축물의 수, 노후·불량건축물의 수, 호수밀도, 토지의 형상 또는 주민의 소득수준 등 정비계획 수립대상구역의 요건은 필요한 경우 제1호부터 제5호까지에 규정된 범위안에서 시·도 조례로 이를 따로 정할 수 있으며, 부지의 정형화, 효율적인 기반시설의 확보 등을 위하여 필요하다고 인정되는 경우에는 법 제4조 제4항에 따른 도시계획위원회의 심의를 거쳐 제1호부터 제5호까지의 규정에 해당하는 정비구역 수립대상구역 면적의 100분의 110 이하의 범위에서 시 · 도 조례로 정하는 바에 따라 제1호부터 제5호까지의 규정에 해당하지 아니하는 지역을 포함하여 정비계획을 수립할 수 있다.

7. 건축물의 상당수가 붕괴나 그 밖의 안전사고의 우려가 있거나 상습 침수, 홍수, 산사태, 해일, 토사 또는 제방 붕괴 등으로 재해가 생길 우려가 있는 지역에 대하여는 정비계획을 수립할 수 있다.

서울에서는 조례에 따라 다음과 같이 불량건축물을 지정하고 있다.

서울특별시 도시 및 주거환경 정비조례

제3조(노후·불량건축물) ① 영 제2조제3항제1호에 따라 노후·불량건축물로 보는 기준은 다음과 같다 〈개정 2012.1.5., 2012.12.31., 2015.1.2.〉

1. 공동주택

가. 철근콘크리트·철골콘크리트·철골철근콘크리트 및 강구조인 공동주택은 별표 1에 따른다.

나. 가목 이외의 공동주택은 20년

2. 공동주택 이외의 건축물

가. 철근콘크리트·철골콘크리트·철골철근콘크리트 및 강구조 건축물은 40년(「건축법 시행령」별표 1 제1호에 따른 단독주택을 제외한다)

나. 가목 이외의 건축물은 20년

② 삭제〈2015.1.2.〉

③ 영 제2조제2항제1호 전단의 규정에 따른 노후·불량건축물은 건축대지로서 효용을 다할 수 없는 과소필지안의 건축물로서 2009년 8월 11일 전에 건축된 건축물을 말한다.〈신설 2011.3.17., 2012.1.5., 2015.1.2.〉

④ 미사용승인건축물의 용도별 분류 및 구조는 건축허가 내용에 따르며, 준공년도는 재산세 및 수도요금·전기요금 등 부과 개시년도로 한다. 〈신설 2008.7.30., 2008.9.30., 2009.7.30., 2011.3.17.〉

[별표1]〈개정 2012.1.5〉

표15 **철근콘크리트·철골콘크리트·철골철근콘크리트 및 강구조 공동주택의 노후·불량 건축물 기준(제3조제1항제1호 관련)**

준공년도	구 분		비 고
	5층 이상 건축물	4층 이하 건축물	
1981.12.31이전	20년 이상	20년 이상	
1982	22년 이상	21년 이상	
1983	24년 이상	22년 이상	
1984	26년 이상	23년 이상	
1985	28년 이상	24년 이상	
1986	30년 이상	25년 이상	
1987	32년 이상	26년 이상	
1988	34년 이상	27년 이상	
1989	36년 이상	28년 이상	
1990	38년 이상	29년 이상	
1991	40년 이상	30년 이상	
1992.1.1 이후	40년 이상	30년 이상	

※ 산출기준 − 1982년 1월 1일부터 1991년 12월 31일까지 준공된 5층이상 건축물은 22+(준공연도−1982)×2년,
　　　　　 − 4층이하의 건축물은 21+(준공연도−1982)년

　　재건축에 대해서는 1993년부터 국토교통부에서 발표해왔는데 전국 재건축 인가는 1994년에 가장 적은 800호에서 2003년에 5만 9,900호로 가장 많은 인허가를 받았고 세계 금융위기 직후인 2009년에 8,800호로 다시 줄었다가 2014년에는 1만 9,300호가 인가를 받았다. 인가받은 재건축 중 1994년에 가장 적은 2,200호를 준공했고 2008년에 5만 8,600호를 준공했다. 2000년대 내내 만 호 대로 준공해오다 2013년 9,500호와 2014년 9,700호로 다소 줄었다.

　　재건축 연한이 30년으로 줄면서 1982년에 19만 1,420호 건설되었던 주택은 1980년대 내내 최소 20만 호 이상은 꾸준히 건설되다가

1990년에 75만 378호나 건설되었고 그 이후에도 1991년 61만 3,083호, 1993년 69만 5,319호가 건설된 것을 비롯해서 꾸준히 60만 호 이상 건설되었다. 이때 건설된 주택들은 이제 곧 재건축 연한이 다가오고 있다. 특히 1980년 후반부터 본격적으로 아파트가 건설된 5개 신도시 대부분이 이에 속한다.

분당, 일산, 평촌, 산본, 중동 등 5개 신도시 건설 당시에 짧은 시간 내에 대규모 아파트를 건설했다. 원래 기한보다도 더 빨리 건설되었을 정도다. 빠른 주택 공급을 위해 정부에서 무리한 일정을 추진하다 보니 시멘트, 골재, 철근, 레미콘 등 건설 자재와 인력이 심각하게 부족했다. 부족한 건설 자재를 확보하기 위해 당시 정부에서는 시멘트와 철근의 수입을 강력히 추진했으나 수입된 중국산 시멘트는 국산보다 질이 떨어졌을 뿐만 아니라 물량 확보도 어려웠다.

이런 실정이다 보니 자갈과 모래 등 골재도 전국의 건설공사 현장에 충분히 공급하기 위해 군사시설보호지역에서까지 채취하는 비상 대책도 수립했으나 관계 부처의 협조 미흡 등으로 충분히 공급하지 못했다. 그러자 레미콘 공급업체를 비롯한 건자재 공급업체들이 상대적으로 우위인 입장을 이용해 계약을 어기면서까지 횡포를 부리는 현상도 나타났다. 아파트 건설업체들은 부족한 건설 자재를 확보하기 위해 이런 횡포를 감수하며 일정에 맞추려고 했다.

불량 레미콘을 공급하게 된 사건도 터져 나왔다. 물량 확보에 급급한 나머지 레미콘 건설 현장에서 무조건 거쳐야 하는 테스트를 생략하다 보니 불량 레미콘 사건마저 발생한 것이다. 더구나 부족한 모래를 충당하기 위해 바닷모래까지 사용했다. 바닷모래에서 충분히 염분 제거 작업을 했다면 그나마 괜찮았겠지만 전혀 그러지 못한 채 공사가 진행되어 향후 커다란 우려가 될 수 있었다.

 이 당시 신도시에 건설되었던 많은 아파트들이 어느새 건축한 지 20년이 넘었다. 재건축 연한이 다가왔다는 사실은 단순히 새롭게 신규 아파트를 건설할 수 있다는 법적인 연한만을 의미하는 것이 아니다. 어쩔 수 없이 재건축을 할 수밖에 없는 상황이 발생할 수도 있다는 뜻이 된다.

주택가격은 어떻게 될까

　주택가격에 포함되는 건설 비용은 지속적으로 증가하고 있다. 1990년 대에 5, 6만 원 하던 일용직 근로자의 일당은 2015년 9만 원이 되었다. 이 밖에 숙련공의 하루 일당도 10만 원이 넘는다. 이들의 하루 임금을 깎을 수는 없다. 표준건축비도 1994년에 ㎡당 83만 9,000원에서 2015년 171만 5,000원으로 2배 이상 늘었다. 이처럼 주택을 건축할 때 들어가는 비용은 지속적으로 늘어날 수밖에 없다. 한국 통계청에서 2010년을 기준으로 주거용 건물의 건설공사비 지수를 100으로 했을 때 최초 통계 시점인 2000년 1월에 60.65로 시작해서 2015년 5월 현재 114.22나 올랐다.

　2010년 인구주택총조사에 따르면 한국에서 전체 주택 유형 중 아파트 거주 가구 비율은 47.1%나 된다. 한국에서 아파트는 신분 상승과 지위를 나타내는 상징이 되었다. 한국 아파트는 단지형으로 외부와 차단되어 있다. 아파트 단지 주민에게만 모든 편의시설이 제공되는데 관리비로 이 모든 것이 충당되는 차별성을 갖는다. 관리비 관련 비리가 여럿 생길 정도이다. 다들 아파트를 선호하며 아파트 가격은 다른 주택에 비해 더욱 올랐다. 한국에서 아파트는 단순한 주택의 의미 이상이며 전 국민의 관심 대상이자 공산품 취급마저 받게 되었다.

　전국 주택 매매 가격은 1998년에 12.8%나 떨어진 것을 제외하면 기껏해야 2004년에 2.1% 하락한 것처럼 하락은 미미했고 1990년 21%

와 2002년 16.4%나 상승할 정도로 대체적으로 상승세를 보였다. 서울도 1998년에 13.2% 떨어졌을 때를 제외하면 1990년에 24.2%나 상승한 것을 비롯해서 하락보다 상승한 적이 더욱 많고 장기 시계열로 보면 오르기만 했다. 한국감정원과 국민은행 지수 중 국민은행 전국 아파트가격지수는 1986년 1월 기준으로 2015년 8월 시점에 342.95%가 올랐고 서울은 357.7%, 부산은 368.24%, 대구는 297.47%, 인천은 258.35%, 광주는 202.02%, 대전은 193.2%, 울산은 301.25% 올랐다. 대체적으로 주택가격은 지금까지 계속 상승해왔다.

도시 및 주거환경정비법 시행령 개정안에 따라 공동주택 재건축 허용 연한이 최장 40년에서 30년으로 단축되었다. 1982년 19만 1,420호가 건설되었고 1990년 전후로 200만 호 건설 때 건축된 5개 신도시를 포함한 아파트는 이제 재건축 연한이 다가온다. 해마다 60만 호씩 건설되었다. 튼튼하게 짓기보다는 빨리빨리 짓기 바빴던 주택들은 어느덧 30년이라는 재건축 연한이 다가오며 노후화된 주택 교체 수요가 발생할 것으로 예측된다.

지금까지 살펴본 것처럼 주택가격은 하락하기보다는 상승할 수밖에 없는 여러 요소를 갖고 있다. 과도한 가격은 시장에서 외면받을 가능성도 분명히 존재하지만 장기시계열을 보더라도 대체적으로 주택가격은 지속적인 상승이 추적, 관찰될 수 있었다. 이런 확실하고도 분명한 사실을 외면하며 주택가격이 하락할 수밖에 없다고 하는 것은 보고 싶은 것만 보고 듣고 싶은 것만 듣는 것과 다를 바가 없다.

5장

미분양과
주택가격의
함수

미분양과 가격

    부동산 투자를 오래 한 사람들에게는 미신과도 같은 믿음이 있다. 그것은 바로 미분양과 주택가격은 서로 밀접한 관계가 있다는 확신이다. 수요와 공급으로 모든 현상을 바라보는 것은 '지구는 돈다'라는 명제처럼 확실한 데이터로 신주 단지처럼 모신다. 미분양이 넘치면 주택가격은 조만간 떨어지고 미분양이 사라지면 조만간 주택가격은 올라갈 것이라 믿어 의심치 않는다.

    여러 부동산 전문가들은 미분양이 줄어들었을 때 이구동성으로 주택가격 상승을 외친다. 반면에 미분양이 속출하면 주택가격 추락을 예상하거나 이미 하락 중이라고 조심스럽게 예측한다. 미분양이 난 후에 주택가격이 떨어지는지, 주택가격이 떨어진 후에 미분양이 속출하는지 여부는 차치하고 둘의 관계는 밀접하다는 것을 감각적으로 알고 부동산 투자를 하던 사람들조차 이제는 온갖 데이터를 근거로 더욱더 확신에 차서 주장한다.

정말로 미분양과 주택가격은 서로 반대로 움직이는지 한번 보도록 하자.

미분양은 사업계획 승인권자인 건축허가권자가 분양 승인을 받아 일반인을 대상으로 분양을 실시하였으나 분양되지 않은 주택을 일컫는다. 그중에서도 준공 후 미분양은 사용검사 후에도 분양되지 않은 주택을 의미하며 이 중에서 국민주택기금을 지원받아 건설한 공공 부문 주택과 국민주택기금을 지원받지 않고 순수 민간 자본으로 건설한 민간 부문 주택으로 나눈다.

국토교통부에서 주택 보급과 관련한 정책을 수립할 때 기초 자료로 활용하기 위해 1993년부터 매년 12월 말 미분양에 관한 자료를 발표해왔다. 1993년 전국적으로 7만 7,488호가 미분양되었다. 1995년 15만 2,313호로 미분양이 정점을 보인 후 미분양이 지속적으로 떨어지며 2002년 2만 4,923호까지 10만 호 이상 미분양이 사라졌다. 하지만 2003년에 3만 8,261호로 시작한 미분양은 지속적으로 늘어나다 금융위기 직후에는 무려 16만 5,599호까지 늘어난다. 2009년에도 12만 3,297호로 미분양이 속출했지만 그 이후에는 10만 호 밑으로 떨어져서 2014년에는 4만 379호까지 미분양이 해소된다.

준공 후 미분양만 따져보면 1993년에 2,141호로 시작해서 1998년에 1만 8,102호로 정점을 친 후에는 2003년까지는 1만 호 미만으로 유지되다가 2004년 1만 314호로 증가해서 2008년에는 4만 6,476로까지 늘어나고 그 이후 계속 3만 호를 계속 유지했다. 2012년부터 줄

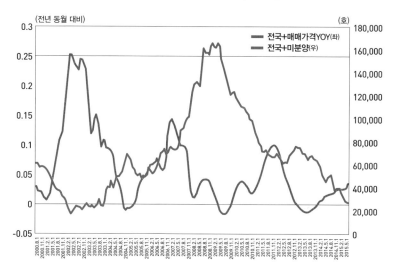

표16 전국 아파트 매매 가격/미분양

* 출처 : KB 부동산, 한국감정원

어들어 2014년에는 1만 6,267호까지 줄어들었다.

　민간 부문은 1995년에 9만 1,450호로 정점을 친 후 조금씩 줄어
든 미분양이 2000년부터 2003년까지 평균 2만 호를 넘을 정도였으
나 2004년 6만 781호를 기점으로 2008년에는 16만 4,293호까지 늘
어나고 2010년이 되어서야 10만 호 미만으로 떨어지고 조금씩 줄어들
어 2014년에는 4만 379호만 남았다. 반면 공공 부문은 1995년 6만
863호로 가장 많이 미분양됐지만 그 이후는 만 호 정도에서 머물다가
2003년부터 천 단위로 미분양이 떨어진 후 2009년 335호 미분양을
끝으로 더 이상 미분양은 데이터에 잡히지 않고 있다.

　서울은 1998년에 5,588호가 미분양된 후에는 지속적으로 해소가 되

었고 2002년 52호로 대부분의 미분양이 해소된 후 2007년까지 백 단위만 미분양이 났다. 금융위기 이후부터 단시 천 단위로 미분양이 늘어나 2014년 기준으로 1,356호가 미분양이다. 수도권은 1995년에 3만 4,993호로 미분양이 가장 많았고 2002년에 1,387호로 가장 적었지만 2007년 1만 4,324호를 시작으로 지속적으로 증가했다. 그러나 2013년 3만 3,192호 미분양이 난 후에 2014년에는 1만 9,814호로 많이 해소되었다.

미분양과 주택가격의 관계를 보기 위해서 미분양 시점과 국민은행에서 발표하는 주택가격지수를 비교해보자. 국민은행은 2013년 3월을 주택가격지수 100으로 기준한다.

1994년부터 1996년까지 전국 미분양은 10만 호를 넘었다. 이 당시에 전국 주택가격지수는 1993년 12월 기준으로 59에서 1996년에는 59.8로 3년 동안 겨우 0.8이 올랐을 뿐이고 미분양이 다시 10만 호가 넘은 1998년에도 지수는 53.4로 미분양이 넘쳤을 때 역시나 주택가격이 떨어진다는 사실을 확인할 수 있다.

1999년에 미분양이 7만 872호로 떨어지기 시작하면서 2002년까지 2만 4,923호로 미분양이 많이 해소되었다. 2001년 지수는 60.9였는데 그 이후 2002년까지 1년 동안 무려 70.9로 상승했다. 2003년부터 다시 미분양은 서서히 늘어나기 시작하여 2008년 16만 5,599호 정점을 쳤다. 이 기간 동안 국민은행 전국 주택가격지수는 2003년에 75로 시작해서 2008년에는 90.7로 미분양이 감소했던 1999년 55.2에서 2002년 70.9까지 15.7이나 올랐다고 한 것과 비교해서 아무런 차이가 없는 15.7이 올랐다.

전자가 4년 동안 미분양이 해소되며 15.7이 오른 반면에 후자는 6

년 동안 미분양이 점점 늘어나며 15.7이 올랐다. 모든 사람이 알고 있는 것과 달리 전국 주택가격지수로 볼 때 미분양이 해소되면 주택가격이 올랐지만 미분양이 늘어날 때도 주택가격이 올랐다. 이런 사실을 볼 때 미분양 해소 여부와 주택가격은 꼭 맞아떨어지는 것은 아니다.

2008년 미분양이 정점을 친 후에 지속적으로 해소되며 2014년 4만 379호까지 줄어들었다. 이 기간 동안 2008년 12월 기준으로 90.7에서 2015년 8월 기준으로 105.7까지 올랐으니 미분양이 해소되면서 주택가격이 오른다는 표현은 정확히 일치한다. 부동산 투자를 하는 모든 사람이 가장 궁금해하는 전국 아파트를 기준으로 보도록 하자.

1994년부터 1996년까지 10만 호 넘는 미분양이 나올 동안 전국 아파트가격지수는 똑같이 2013년 3월을 100으로 기준했을 때 44에서 45.8로 미세하다고 할 수 있지만 오히려 올랐다. 1999년부터 2002년까지 미분양이 해소될 동안 전국 아파트가격지수는 45에서 64.2로 많은 사람들이 예상하는 대로 전국 주택가격지수보다 오른 19.2나 증가했다. 다시 2003년부터 늘어난 미분양이 2008년에 16만 5,599호로 정점을 칠 무렵 70.3에서 88로 17.7만큼 올라 확실히 미분양이 해소될 때보다는 적게 올랐지만 사람들의 생각과 달리 별 차이 없다고 할 만큼 올랐다.

2009년부터 지속적으로 미분양이 해소된 2014년까지 전국 아파트가격지수는 89.4에서 2015년 8월 기준으로 106.5로 17.1만큼 올랐으니 확실히 미분양이 해소되면 오른다는 표현이 정확하지만 미분양이 증가하던 2003년에서 2008년까지 17.7이나 오른 것에 비교하면 오히려 더 적다.

여기서 드는 의문은 지금까지 언급한 모든 데이터는 전국 주택과 아파트다. 전국 주택에는 시골도 포함될 수 있고, 아파트마저도 허허벌판에 건설된 아파트도 데이터에 포함되었으니 데이터로서 불충분하다 판단할 수 있다. 우리가 알고자 하는 주택과 아파트는 어디까지나 도시에 건설된 것만 파악해야 정확한 것이 아닐까에 대한 의문이 존재한다. 이 부분에 대해서 다음 장에서 다시 보도록 하자.

서울, 수도권 사례

    한반도 면적의 0.28%이며 남한의 0.61%를 차지하고 있는 서울은 총 25구로 이루어졌다. 남북으로 30.30km, 동서로 36.78km이며 1936년에 70만 명이던 인구는 1949년에 144만 명, 1960년에 245만 명으로 증가한 후 20년 만인 1980년에 무려 835만 명에 이르렀다. 전 세계적으로 인구가 집중된 도시를 뜻하는 메트로폴리스인 서울의 인구는 1992년에 약 1,097만 명 정도로 정점을 친 후 2014년 현재 외국인 포함, 약 1,037만 명으로 줄었지만 여전히 한국에서 가장 많은 사람이 살고 있는 거대도시다.

    말은 제주도로 보내고 사람은 서울로 보내라는 표현처럼 서울은 문화, 정치, 행정, 사법을 비롯한 한국의 중심지로 주택에 있어서도 한국

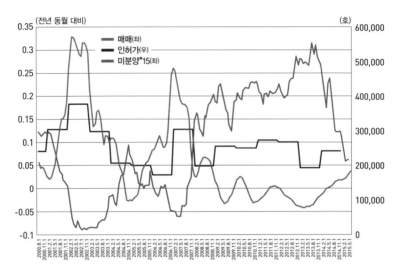

표17 수도권 미분양/매매/인허가

(전년 동월 대비)   (호)

- 매매(좌)
- 인허가(우)
- 미분양*15(좌)

* 출처 : 통계청, KB 부동산, 한국감정원

에서 가장 높은 가격을 자랑한다. 확인된 바는 없지만 한국 부동산의
80%를 서울 시민이 갖고 있고 서울 부동산의 80%를 강남 시민이 갖
고 있다는 소문이 있다. 이처럼 서울은 부동산에 있어서도 가장 중요
한 위치를 차지한다.

부동산 투자를 하는 사람들이 가장 중요하게 여기는 점 중 하나가
강남 접근성이다. 입지를 선택할 때 고려해야 할 것 중 하나가 강남 가
는 교통편이 얼마나 편하고 좋은가이다. 최근 지하철 9호선이 뚫리며
9호선이 통과하는 지역의 주택가격이 오른 것을 비롯해 인천 공항철도
와 9호선이 연결되면서 인근 지역의 가격도 함께 움직일 정도다. 버스
도 새롭게 신설된 Metropolitan Bus의 약자인 Mbus의 경우에도 강남

으로 가는 광역급행버스로 강남 접근성을 높이는 역할을 하며 강남에서 얼마나 가깝냐에 따라 주택가격이 변동하고 있다.

서울은 주택가격이 비싸므로 주택가격이 내려가면 수도권으로 빠져나간 인구가 얼마든지 다시 전입해올 여지가 많다. 이런 서울도 꾸준히 미분양이 있었고 주택가격도 등락을 반복했다. 2002년에 서울의 미분양은 단지 22호뿐이었다. 그 이후로 2003년부터 2007년까지 평균 500호 정도가 미분양이었다. 국민은행 주택가격지수에서 2013년 3월을 100으로 기준할 때 2002년 12월 말 69에서 매년 올라 2007년 12월에는 96.9였다.

2007년 454호였던 서울 미분양은 2008년에는 무려 2,729호나 미분양이 폭증했고 2012년에 3,481호로 정점을 친 후 2013년에 3,157호에서 2014년에는 1,356호의 미분양이 발생했다. 2008년 12월에 101.8로 시작한 주택가격지수는 2009년에 104.5로 오히려 올랐고 미분양이 가장 많았던 2012년에 100.6으로 떨어졌다. 2013년에는 99.3으로 더 떨어졌지만 2014년 12월에 100.1로 오른 후 2015년 8월 기준으로 102.8로 다시 올랐다.

마찬가지로 국민은행 아파트가격지수를 가지고 서울 아파트를 살펴보면 2013년 3월을 기준으로 할 때 미분양이 가장 적은 2002년에 67이었고 2003년 73.8에서 2007년에는 102.5로 5년 동안 28.7이나 올랐다. 2008년에도 102.5로 올랐던 아파트가격지수는 2009년에 108.5로 미분양이 백 단위에서 천 단위로 늘어난 다음 해에 오히려 올랐지만 이후로 지속적으로 빠지며 2013년 12월에 99까지 빠졌던 지수는 다시 오르기 시작해서 2015년 8월 기준으로 103.4로 금융위기 전 수준을 회복했다.

서울 인구가 증가하며 도시가 확장해 경기도였던 지역이 새롭게 서울로 편입되기도 했지만 경기도 지역 중 서울의 위성도시 기능으로 확장된 곳들도 생겼다. 분당, 평촌, 일산을 비롯한 1기 신도시는 서울 인구를 일부 감당하는 기능을 하며 성장했다. 그 외에도 경기도 지역은 인천과 함께 수도권이라는 명칭과 함께 보통명사처럼 이제는 서울, 수도권으로 불리고 있다.

　수도권의 범위는 사람마다 조금씩 다를 수 있지만 제4차 국토종합계획 수정계획 및 제3차 수도권정비계획 등에 따라 서울, 인천, 경기도를 함께 지칭하고 있다. 수도권은 한국 면적의 11.8%를 차지하지지만 전국 인구의 48%, 지역 생산액의 48.1%, 제조업의 46.9%, 서비스 종사업의 56.3%뿐만 아니라 전국 대학의 39.2%, 의료기관의 50.4%, 예금액의 68%, 공공기관의 85.4%를 차지할 정도로 한국의 중심 중에 중심 역할을 한다.

　이런 이유로 수도권 인구는 1980년에 1,330만 명에서 2005년에는 2,260만 명으로 급격히 증가했다. 1기 신도시 건설에 이어 동탄, 파주, 판교 등 2기 신도시와 용인 개발을 비롯해서 파주, 김포, 화성 등 서울 주변의 수많은 지역 시민이 서울 소재의 직장으로 출퇴근하고 있어 교통난을 가중시킨다.

　수도권의 경우에도 2002년에 1,387호로 가장 적은 미분양이 났다. 그 후 2003년에 7,370호로 급격히 늘어난 미분양은 2004년에는 1만 5,458호로 더 늘어났다. 이 기간 동안 국민은행 수도권 주택가격지수는 2013년 3월 기준으로 2002년에 71에서 2003년에 76.3으로 늘어났고 2004년에는 74로 줄어 미분양과 주택가격지수가 역의 관계임을 나타냈다.

2006년에 4,724호 줄었던 미분양은 2007년에 1만 4,624호 늘어났고 지속적으로 미분양이 늘어나 2013년에는 3만 3,192호까지 속출하며 미분양 무덤이라는 말이 떠돌 정도였다. 2014년에 1만 9,814호로 많이 줄었지만 여전히 수도권 미분양은 2015년 6월 현재 1만 6,094호나 되어 꽤 많이 남아 있다.

　2006년 수도권 주택가격지수는 93.7로 전년보다 무려 15.9나 올랐다. 확실히 미분양이 해소되며 주택가격이 올랐다는 증거가 될 수 있지만 2007년에 98.9로 다시 오른 지수는 2009년에 105.1로 최고로 오른 후에 2012년 100.6, 2013년 99.2로 미분양 해소와 주택가격지수 상승의 역의 상관관계가 비교적 크지 않았다. 물론 2014년 100.5, 2015년 8월에 103.4 최근 오르는 추세로 나온다.

　마찬가지로 수도권 아파트가격지수는 2002년에 69.6에서 미분양이 늘어난 2003년에는 76.6으로 오히려 올랐고 미분양이 더 증가한 다음 해인 2004년에는 74.7로 지수가 줄었다. 미분양이 줄었던 2006년에는 2년 만에 지수가 99.7로 무려 25나 올랐다. 미분양이 1만 호나 더 늘었던 2007년에 103.7로 지수는 늘었고 미분양은 계속 늘었지만 2009년에는 107.6까지 올랐다. 이후 미분양이 더욱 늘어난 시기와 맞물려 2013년 99까지 떨어져 미분양과 주택가격의 역의 상관관계가 들어맞는 듯했다. 실제로 2014년 100.8에서 2015년 8월 기준으로 104.5로 더욱 올랐다.

　지금까지 서울과 수도권을 살펴봤지만 미분양과 주택가격은 꼭 역의 상관관계가 있다고 단언할 수는 없다. 미분양이 적체되었다가 해소되는 시점이 다소 차이가 나기 때문에 주택가격은 어느 정도 시간이 흘러 올라간다는 이야기를 할 수도 있다. 그렇게 단정하기에는 시차가

균일하지 않고 미분양이 더욱 증가할 때 오히려 주택가격이 오른 적도 있다는 점을 확인할 수 있었다.

결론은 미분양이 증가하면 주택가격이 떨어지고 미분양이 소진되면 주택가격이 올라갈 가능성이 커진다는 표현이 정확하다. 물을 많이 섭취하면 소변 볼 가능성이 커지지만 반드시 그런 것은 아니다. 격한 운동으로 땀을 많이 쏟아내면 물을 많이 마셔도 소변은 나오지 않는다. 이처럼 미분양은 어디까지나 주택가격을 움직이는 다양한 요소 중 하나일 뿐, 전부는 아니다.

광역도시 사례

2015년 1월부터 8월까지 서울의 아파트 가격은 3.16% 올랐고 전국은 3.2%가 상승했다. 경기도는 3.42%, 수도권은 3.47%가 상승했다. 서울과 수도권이 상대적으로 주택가격 상승을 주도한다고 말한다. 서울을 제외한 5대 광역 도시의 아파트 가격을 살펴보면 부산이 3.09%, 광주가 4.51%, 대전이 0.09%, 인천이 4.61%가 올랐다. 전국적으로 주택가격이 가장 많이 상승한 지역은 대구로 무려 7.87%나 상승했다.

2014년의 아파트 가격은 전국 2.31%, 서울 1.06%, 경기도는 2.07%, 수도권은 1.75%가 상승했다. 부산 1.47%, 광주 3.39%, 대전 0.23%, 인천 2.31%, 대구 7.74%가 올랐다. 심지어 대구 아파트 가격은 2011년 14.35%, 2012년 6.73%, 2013년 10.32%가 올라 2011년부터 2015년 8월까지 무려 60.11%나 올랐다. 이 기간 동안 광주도 45.18%, 부산도 24.23%, 대전도 16.44%가 올랐다.

같은 기간인 2011년부터 2015년 8월까지 서울은 -2.72%, 인천은 -1.35%, 경기도는 2%, 수도권은 -0.14%로 아파트 가격이 하락 내지 보합 했다. 도대체 서울과 수도권을 제외한 다른 광역시에는 어떤 일이 벌어진 것일까.

많은 부동산 투자자들이 미분양에 따른 아파트 가격 변동 사례로 대구 지역을 대표적으로 꼽는다. 1970년 129만 명이었던 대구 인구는 1983년에 200만 명을 돌파하고 2001년에 253만 명으로 정점을 친 후 지속적으로 하락해서 2015년에는 245만 명으로 인구구조로 부동산 폭락을 주장하는 사람들의 주장과 반대되는 현상마저 보였다. 유일하게 미분양과 주택가격의 상관관계를 통해 투자시점을 예측하고 전망해서 인기 스타가 된 투자 고수들도 있다. 대구 주택가격이 오른 이유를 주택의 공급과 수요만으로 설명하는 방법이 제일 속 시원하게 맞아떨어지기 때문이다.

대구 미분양은 2007년 1월부터 발표되었다. 2007년 1월에 9,467호였던 미분양은 꾸준히 증가하며 2008년 6월에 2만 535호로 2만 호가 넘었고 2009년 5월에 다시 1만 9,851호로 떨어지면서 2011년 8월에 1만 152호까지 미분양이 해소되었다. 2011년 9월 9,861호로 천 단위 숫자까지 미분양이 해소된 후부터 지속적으로 미분양이 사라져서 2014년 1월에는 955호까지 줄었다. 2015년 5월 49호에서 7월은 11호까지 떨어지며 대구는 미분양 자체가 없다고 봐야 한다.

국민은행 2013년 3월 기준 대구 주택가격지수는 미분양이 발표되던

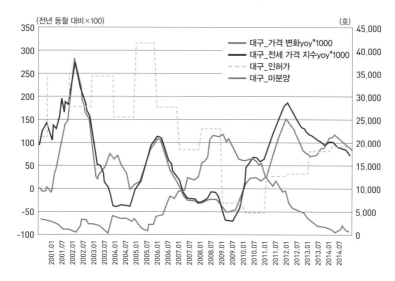

표18 **대구 지역 아파트 가격 관련 지표**

(전년 동월 대비×100)   (호)

대구_가격 변화yoy*1000
대구_전세 가격 지수yoy*1000
대구_인허가
대구_미분양

* 출처 : 통계청, KB 부동산, 한국감정원

2007년 1월 87.3에서 출발한다. 미분양이 2배로 증가한 2008년 6월이 85.3으로 미분양 증가에 비해서는 하락폭이 다소 미미했다. 미분양이 다시 줄어들기 시작한 2009년 5월이 82.1에서 미분양이 50%나 하락한 2011년 8월이 89.6로 확실히 미분양과 주택가격은 역의 상관관계가 있는 것으로 보인다. 서울, 수도권에서 나타난 주택가격지수와 달리 대구는 2009년 82로 출발해서 단 한 번도 내려간 적 없이 2015년 8월 125.6까지 쉼 없이 올랐다.

대구 아파트가격지수는 2007년 1월 84.1에서 2008년 6월은 80.6으로 확실히 주택에 비해 아파트는 미분양의 영향을 많이 받았다. 미분양이 줄어든 2009년 5월 76.8까지 더 떨어진 후 2011년 8월 87.3 까지 미분양이 50%까지 해소되는 것과 아파트 가격은 대구에서 상당히 큰 상관관계가 있다. 2009년 6월 76.7을 저점으로 지속적으로 상승만 한 결과, 2015년 8월 128까지 오르기만 한 아파트 불패의 신화를 자랑한다.

한국에서 제2의 도시로 불리며 매해 가을 부산국제영화제로 유명한 부산은 1970년에 204만 명에서 1978년 302만 명으로 300만 명을 넘긴 후 1995년 385만 명으로 정점을 친 후 꾸준히 인구가 줄어들어 2015년 현재 340만 명이다. 20년 동안 45만 명이나 줄어든 부산 역시도 인구구조가 아닌 미분양으로 설명할 수 있다.

2007년 1월 8,680호 미분양이 났던 부산은 지속적으로 미분양이 늘어나며 2008년 11월에 1만 4,292호로 최고를 기록한다. 2009년 10월 9,891호로 내려갔던 미분양은 지속적으로 해소되며 2011년 11월 2,887호까지 줄어든다. 줄었던 미분양은 다시 늘어나 2013년 3월 6,896호까지 미분양이 적체되었지만 다시 계속 줄어들며 2015년 5월 835호까지 해소된 후 최근 다시 증가하는 추세다.

부산 주택가격지수는 2007년 1월 71.4에서 2008년 11월 73.4로 미분양 증가와 상관없이 올랐다. 미분양이 감소한 2009년 10월 75.3으로 미분양이 줄었던 때와 비교해서 차이가 없었다. 2011년 11월 99.1로 미분양 해소와 더불어 23.8까지 오른다. 미분양이 다시 증가한 2013년 3월은 100으로 주택가격은 계속 올랐다. 그 이후 2015년 8월 104.9로 상대적으로 덜 오른 상태를 보이고 있다.

부산 아파트가격지수는 2007년 63.9에서 2008년 11월 66.9로 미분양이 늘었지만 아파트 가격은 올랐다. 2009년 10월 69.4로 금융위기와 상관없이 오르기만 한다. 미분양이 해소된 2011년 11월 100.9로 2년 동안 무려 31.5가 오른다. 미분양이 다시 증가한 2013년 3월은 100으로 미미한 하락을 보였다. 2015년 8월 104.5로 미분양 해소와 함께 올랐다는 증거로 제시될 수도 있다.

부산의 주택가격지수는 2002년 5월 70.3에서 2010년 6월 80.4까지 8년 동안 꾸준히 올랐지만 그 중간인 2003년 75까지 올랐던 지수는 2005년 10월부터 2008년 3월까지 71 대에서 계속 머물렀다. 아파트 가격지수도 2002년 10월 60.6에서 2009년 11월 70.4까지 올랐지만 2004년 4월 66까지 올랐다가 2006년 9월 63.7까지 떨어지며 등락을 반복했다.

전국에서 가장 많은 임대주택을 보유한 임대사업자가 있는 전라남도 광주는 2007년 1월 7,005호 미분양이 발생했다. 2008년 7월 10,774호로 미분양이 증가한 후 2009년 3월 1만 2,669호로 최고를 기록했지만 지속적으로 미분양이 해소되며 2011년 8월 458호까지 떨어진다. 2012년 11월 다시 3,608호까지 증가한 미분양은 이후로 거의 대부분 해소되며 등락은 있었지만 2015년 4월 91호만 남는다.

광주 주택가격지수는 2007년 1월 78.5에서 2008년 7월 79.2로 미분양 증가와 상관없이 올랐고 미분양이 최고였던 2009년 3월에도 79였다. 2006년부터 2010년까지 안정적으로 움직이던 주택가격은 미분양이 상당 분량 해소된 2011년 8월에는 92.2까지 급격히 올랐다. 미분양이 다시 많이 증가한 2012년 11월에도 99.4로 올랐고 2015년 8월 109.7로 미분양과 직접적인 상관관계가 있다고 할 수는 없다.

광주 아파트가격지수도 2007년 1월 72.1로 시작해서 2008년 7월 73으로 미분양이 증가했지만 다소 올랐고 미분양 최고였던 2009년 3

월에도 미세하지만 73.3로 올랐다. 2006년 2월 70.3에서 2010년 10월 75까지 상대적으로 완만하게 오르던 아파트 가격은 2011년 8월 90.2이 될 정도로 미분양 해소와 함께 급격히 오른다. 다시 미분양이 증가한 2012년 11월 99.2로 올랐고 미분양이 거의 없는 것과 같은 2015년 8월 110.9로 가격을 보이고 있다.

남한의 중심에 있는 대전은 2007년 1월 819호 미분양이 있었다. 꾸준히 증가하던 미분양은 2008년 11월 4,008호로 최고를 기록한다. 2,000~3,000호를 오가던 미분양은 드디어 2011년 8월에 997호로 감소한다. 다시 미분양은 증가 추세를 보이다 2014년 1월 867호를 시작으로 계속 감소한다. 2015년 2월 424호로 미분양이 다소 해소되었지만 다른 광역시 사례와 비교할 때 상당히 많은 미분양이 존재한다.

대전 주택가격지수는 2007년 1월 78.2에서 미분양이 최고였던 2008년 11월 77.8로 떨어졌다. 꾸준히 유지되던 미분양이 감소한 2011년 8월 98.8로 무려 21이나 올랐다. 2014년 1월 100.7로 미분양이 증가한 것에 비하면 지수는 증가했다. 현재 상당히 많은 미분양이 해소되었다고 하지만 2015년 8월 기준으로 101.3으로 다른 광역시에 비하면 확실히 주택가격의 움직임은 미미하다.

대전 아파트가격지수는 2007년 1월 74.8에서 미분양이 최고였던 2008년 11월 73.9로 다소 하락했다. 2011년 8월 99.5로 미분양이 해소되지 않다 감소한 영향을 확실히 본 듯하다. 이 동안 무려 25.6이나 증가했다. 미분양이 증가하다 다시 감소한 2014년 1월 100.7로 미미할지라도 다소 증가했고 2015년 8월에도 101로 안정적으로 아파트 가격이 유지되고 있다.

지금까지 대구, 부산, 광주, 대전으로 인천을 제외한 광역시를 보았을 때 미분양과 주택가격이나 아파트 가격은 역의 상관관계가 있다고 확실히 주장할 수는 없다. 대전을 제외한 대구, 부산, 광주는 2000년 대 들어 안정적으로 가격이 유지되었지만 2010년을 전후로 가격이 오르기 시작했다. 서울, 수도권이 2000년 초반부터 2008년 전후까지 주택가격이 오를 때 광역시는 안정적인 주택가격 추세를 보였다. 서울, 수도권의 주택가격이 하락하기 시작한 시점부터 광역시 주택가격이 올랐다고 보는 것이 차라리 더 맞는 표현이다.

미분양과 주택가격 또는 아파트 가격은 음의 상관관계나 양의 상관관계를 일부 보일 때도 있고 상관없이 흘러갈 때도 있다는 것을 확인할 수 있었다. 복잡다단한 세상에서 단 한 가지 잣대만 갖고 세상을 바라본다는 것은 무척이나 위험한 발상이다. 고장 난 시계도 하루에 두 번은 맞는 것처럼 특정 시점은 맞힐 수 있겠지만 틀리면 더 이상 돌이킬 수 없는 루비콘 강을 건너는 결과가 될 수 있다.

택지 공급에 따른 주택가격

첫 장에서 부동산이란 토지와 가옥으로 이루어졌다고 했다. 지금까지 미분양과 주택가격에 대해 설명했다. 주택이란 기본적으로 토지 위에 건설된다. 재건축과 재개발이 진행되면 주택 면적보다 대지 지분을 더 중요하게 여겨 반지하라도 대지 지분이 크면 가격은 상승한다. 이처럼 토지는 중요하다. 주택을 건설하고 싶어도 땅이 없으면 안 된다. 그렇다고 아무 토지에나 무조건 주택을 건설할 수는 없다.

주택을 건설할 수 있는 여건을 갖춘 토지를 택지라 한다. 대규모의 토지에 도로 건설 등의 공공시설 정비로 택지를 조성하는 걸 택지 개발이라고 한다. 안정적인 주택 공급을 위해 일정 구역을 지정해 택지를 조성하는 것을 택지개발지구라고 하는데 1980년 택지 개발촉진법에

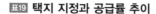

표19 택지 지정과 공급률 추이

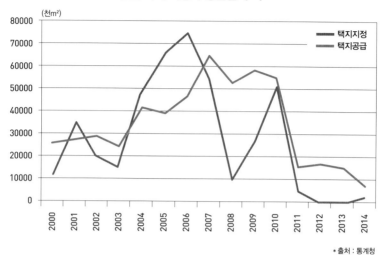

*출처 : 통계청

따라 시행하고 있다. 보통 한국토지주택공사(LH)가 택지개발지구를 지정한다. 기존의 토지가 이미 과포화되어 더 이상 주택 공급을 신규로 할 수 없는 상황에 택지개발지구는 재건축, 재개발보다 쾌적한 주거 환경을 제공한다.

택지는 크게 택지 지정과 택지 공급이 있다. 택지 지정은 택지 개발촉진법에 의해 택지개발지구와 공공주택 건설 등에 관한 공공주택지구 지정 실적이다. 택지 공급은 공공기관이 개발사업 시행으로 조성한 주택 건설용지와 공공시설용지를 수요자에게 공급한 실적이다. 택지 공급 면적은 주택 건설용지에 학교, 도로, 공원, 상업 용지 등의 공공시설 용지를 합산한 용지다.

택지 지정은 외환위기와 함께 주택가격이 하락하며 1997년부터 2003년까지는 저조했고 2004년부터 2006년까지는 급증하였지만 최근에는 다시 저조해졌다. 2004년에 수원 광교를 비롯한 대규모 사업지구를 지정했고 2007년에는 파주 운정, 인천 검단, 화성 동탄, 부산 강서 등을 지정했다. 2009년에는 하남 미사 등 보금자리주택지구를 지정하고 2010년에는 인천 검단, 광명 시흥 등 보금자리주택지구를 지정했다.

택지 공급은 주택종합계획에 따라 2003년부터 2012년까지 총 430k㎡를 공급했다. 수도권은 2004년 이후 택지 지정 증가로 공급이 증가했다. 문제는 2012년부터 부동산 주택 시장의 상황으로 택지 공급을 지연시키고 있다. 2008년에 목표의 168%를 초과 달성한 후에 택지 공급은 현재 잘 이루어지고 있지 않다. 택지 지정과 공급으로 무주택 서민의 주거 안정 실현이라는 정책 방향과는 다소 다른 택지 공급 최근 경향이다.

택지 지정은 통계 발표를 시작한 2000년에 1,199만 7,000㎡에서 2006년 7,558만 4,000㎡로 가장 많았다. 2008년에는 1,008만 5,000㎡로 줄더니 2010년 3,172만 4,000㎡를 정점으로 2012년 18만 8,000㎡, 2013년 50만 1,000㎡로 거의 하지 않았고 2014년에는 203만 8,000㎡로 늘었으나 수도권은 전혀 없었다.

택지 공급은 2000년 2,593만 3,000㎡에서 2007년 6,523만 2,000㎡로 가장 많이 했다. 택지 공급은 전국적으로 조금씩 줄어들어 2011년 1,524만 6,000㎡, 2012년 1,662만 2,000㎡, 2013년 1,512만 3,000㎡, 2014년 746만 7,000㎡로 갈수록 줄어들고 있다. 수도권만 놓고 볼 때 2000년에 1,060만 4,000㎡에서 2007년 4,370만 4,000㎡로 당

시 대다수였던 택지 공급은 2013년 1,346만 1,000㎡이고 2014년은 447만 6,000㎡로 더욱 줄이고만 있다.

주택가격이 급격히 오른 대구는 1991년 1,249만 2,000㎡로 가장 많은 택지개발예정지구로 지정하고 1996년에는 겨우 18만 9,000㎡만 지정하고 1997년, 1998년은 지정을 하지 않았다. 조금씩 지정을 늘려가던 예정지구 지정은 2005년에 538만 4,000㎡를 최고로 2007년에는 없었고 2008년 77만 6,000㎡, 2009년 90만 9,000㎡를 끝으로 2010년부터 더 이상 하지 않고 있다. 택지 개발 실적마저도 2009년 100만 2,000㎡ 이후 2010년부터 2013년까지 전혀 개발 실적이 없었고 2014년에 겨우 45만 9,000㎡만 했다.

주택가격이 오른 부산도 1991년에 1,161만 7,000㎡로 가장 많이 택지개발예정지구로 지정한 후에 1992년부터 예정지구가 평균 27만 4,000㎡만 지정되다 1997년에 416만 3,000㎡로 급격히 지정이 늘었지만 1998년부터 2001년까지 제로였고 2002년, 2005년, 2007년, 2008년에 택지개발예정지구 지정을 했지만 2009년부터 2014년까지 더 이상 지정을 하지 않고 있다. 택지 개발 실적도 1991년 974만 1,000㎡를 정점으로 대구와 달리 꾸준히 있었지만 2000년대 초반 평균 약 150만㎡ 정도에서 2009년 448만 3,000㎡를 제외하고 미미하다. 그마저도 2010년부터 실적 자체가 없다가 2013년 4만 9,000㎡, 2014년 1만㎡를 겨우 개발했다.

다른 광역도시에 비해 상대적으로 미분양이 적었던 광주는 1991년에 1,352만 6,000㎡를 택지개발예정지구로 지정했지만 그 이후로는 지정도 적었지만 지정을 하지 않은 해도 있었다. 2000년대부터 보더라도 2002년 67만 3,000㎡, 2005년 67만 6,000㎡뿐이었고 2006년에 729만 5,000㎡로 상당히 많이 지정했지만 언급된 해를 제외하면 2014년까지 지정 자체를 하지 않았다. 지정이 적다 보니 2009년 10만 6,000㎡를 제외하면 2008년부터 택지 개발 실적 자체가 전무하다.

대전은 1991년 1,362만 1,000㎡를 택지개발예정지구로 지정한 것을 제외하면 광역도시 중 가장 적게 지정했다. 지정을 한 해보다는 지정하지 않은 해가 훨씬 더 많을 정도다. 1997년부터 1999년, 2001년부터 2004년, 2006년부터 2013년까지 더 이상 지정 자체가 없다. 그나마 개발 실적은 지정이 없던 것에 비하면 꾸준히 개발하며 대전 시민들에게 주택을 공급해왔다. 이마저도 2009년부터는 개발 실적마저도 전무하다. 2014년에 들어 택지개발지구 지정이 85만 6,000㎡, 택지 개발 실적이 21만 2,000㎡였다. 대전은 바로 옆에 있는 세종시의 영향에서 자유로울 수 없어 택지 개발과 주택가격을 감안해서 봐야 한다는 어려움은 있다.

지금까지 택지개발예정지구와 택지 개발에 대해 본 것처럼 2010년부터 대부분 도시들이 택지 공급을 하지 않고 있다. 특히, 주택가격이 많이 오른 대구, 부산, 광주는 택지 개발 및 공급이 거의 없다. 택지는 대부분 민간이 아닌 LH가 개발하고 공급한다. 민간이 공급하는 대부분의 아파트는 85㎡를 전후로 하는 중대형 위주라면 LH가 공급하는 대부분의 아파트는 85㎡를 최대로 하는 중소형 아파트다.

몇 년 전부터 중소형 아파트 가격이 많이 올랐다. 인구구조의 변화와 1인 가구 및 2인 가구의 증가 때문이라고 한다. 1인 가구와 2인 가구는 대체적으로 85㎡까지 거주 공간이 필요하지는 않다. 대체적으로 85㎡까지는 주로 서민들과 중산층이 원하는 주택인데 이런 주택을 정부에서 더 이상 공급하지 않으니 수요에 비해 공급이 부족해서 가격이 올라가는 실정이다. 문제는 향후에도 무주택 서민의 주거 안정 실현이라는 정책 방향과는 맞지 않게 택지 공급을 하지 않는다. 대규모 부채로 LH는 더 이상 신규 사업을 하지 않고 있다. 기존 사업도 사업성이 없다고 판단해서 전부 철수하고 있다.

지금까지 주택가격이 가장 안정적으로 유지되었던 시기는 미분양이 속출하던 시기도 아니고 미분양이 해소되었던 시기도 아니었다. 새로운 택지를 개발해 200만 호 주택을 공급했던 1990년 전후부터 또다시 거의 200만 호를 공급했던 2000년 전후까지였다. 그렇다고 주택가격을 결정하는 것이 미분양 해소도 아니지만 택지 개발을 통한 공급도 물론 아니다. 이 모든 것은 다양한 요소 중 하나일 뿐이다. 그 점만 명심하자.

미분양과 주택가격

　미분양은 주택가격을 결정짓는 바로미터로 작용한다고 한다. 미분양이 많으면 주택가격이 떨어지고 미분양이 적으면 주택가격이 올라간다는 것이다. 1994년부터 1996년까지 10만 호 넘는 미분양이 나올 동안 전국 아파트가격지수는 44에서 45.8로 올랐다. 1999년부터 2002년까지 미분양이 해소될 동안 전국 아파트가격지수는 45에서 64.2로 많은 사람들이 예상하는 대로 19.2나 증가했다. 다시 2003년부터 늘어난 미분양이 2008년에 16만 5,599호로 정점을 친 동안 70.3에서 88로 17.7만큼 올라 확실히 미분양이 해소될 때보다는 적게 올랐지만 사람들의 생각과 달리 별 차이 없다고 할 만큼 올랐다. 미분양과 전국 아파트(주택)가격지수는 상관관계가 있을 때도 있었고 없을 때도 있었다.

　서울의 아파트는 미분양이 가장 적은 2002년에 67이었고 2003년 73.8에서 2007년에는 102.5로 5년 동안 28.7이나 올랐다. 2009년에 108.5로 미분양이 백 단위에서 천 단위로 늘어나며 2013년 12월에 99까지 빠졌던 지수는 2015년 8월 기준으로 102.8로 다시 올랐다. 수도권의 아파트가격지수는 2002년에 69.6에서 미분양이 늘어난 2003년에는 76.6으로 오히려 올랐고 미분양이 더 증가한 다음 해인 2004년에는 74.7로 지수가 줄었다. 미분양이 줄었던 2006년에는 2년 만에 지수가 99.7로 무려 25나 올랐다. 미분양이 3만 3,192호까지 급증한 2013년 99까지 떨어져 미분양과 아파트 가격이 대체적으로 역의 상관관계가 있음을 보여준다.

　2007년 1월에 9,467호에서 2008년 6월에 20,535호로 미분양이 증가한 대구는 2007년 1월 87.3에서 2008년 6월 85.3으로 아파트가격지수는 떨어졌지만 증가된 미분양 숫자에 비해 미미했다. 그 이후 미분양이 적은 2009년 6월 76.7을 저점으로 지속적으로 상승만 한 결과 2015년 8월 128까지 오르기만 한 아파트 불패의 신화를 자랑한다. 대구와 함께 인구가 줄고 있는 부산은 미분양이 증가한 2013년 3월에 100으로 하락을 보인 것을 제외하면 2007년 63.9에서 2015년 8월 104.5로 아파트 가격은 올랐다. 그 외에 광주와 대전을 포함하더라도 미분양이 주택가격과 역의 상관관계가 있긴 하지만 좌지우지할 정도는 아니라는 것을 보게 된다.

　주택을 짓기 위해서는 땅이 필요하다. 아무 땅에나 주택을 짓는 것이 아니라 기반 시설이 조성되어야 한다. 이런 택지를 공급해야 주택이 건설된다. 전국적으로 2007년 6,523만 2,000㎡로 가장 많이 공급한 후 갈수록 줄어들어 2014년 746만 7,000㎡로 택지 공급을 하지 않고 있다. 2005년에 538만 4,000㎡가 최고였던 대구는 점점 줄어들더니 2010년부터 2013년까지는 전무하고 2014년에 겨우 45만 9,000㎡만 했다. 1991년 974만 1,000㎡가 정점이었던 부산은 2010년부터 개발 실적이 없고 그나마 2013년 4만 9,000㎡, 2014년 1만㎡를 겨우 개발했다. 광주는 2009년 10만 6,000㎡를 제외하면 2008년부터 택지 개발 실적 자체가 전무하다.

6장

금융과
부동산

금리 조절 이유

최초의 이자는 곡식의 씨앗을 빌려주고 추수 후 돌려받을 때 빌려준 것에 근거해서 받은 것이었다고 한다. 철저하게 서로 믿고 신용 대출을 한 것이다. 이렇게 함무라비 법전에 기록된 이자 부분이 역사상 최초의 이자다. 씨앗 사례처럼 이자는 국가나 은행이 아닌 개인 거래에서 발생했는데 대부분 벌금의 성격이라 이자가 높았다. 이자를 갚지 못하면 노예도 될 수 있던 시절이라 이자가 높다 낮다가 아닌, 갚을 수 있다 없다의 관점이 좀 더 강했다.

중세 시대에 교회가 고리대금을 죄악시하자 할 수 있는 일이 제한되었던 유대인이 고리대금업에 진출해서 금융을 장악했다. 셰익스피어의 《베네치아의 상인》 속의 샤일록처럼 유대인은 나쁜 이미지로 일반인에게 각인되었다. 십자군전쟁 때 템플 기사단이나 성당기사단도 고리대금을 했을 정도로 수지맞는 장사였다. 상업이 발달한 르네상스 시대에 군주들에게 고이자 대출을 실행했다. 군주들이 대출을 갚지 않고 대출자를 추방할 수도 있었다는 사실에 비쳐볼 때 현재와 차이가 없는 대출 시스템이 이때에도 있었다.

18~19세기에 이자율은 5~6%밖에 되지 않았다. 심지어 20세기에 이자는 더 떨어졌다. 그중에서도 산업혁명이 시작된 영국이 가장 이자율이 낮았다. 이자가 낮으면 사회 전체적으로 돈을 빌릴 여지가 높아지며 산업이 발달하고 상업이 꽃을 필 수 있는 토대가 마련되어 국가 발전의 원동력으로 작용했다. 이때까지만 해도 대출과 금리는 국가에서 전부 통제하기보다는 각자 개별적으로 다루어졌다. 또한 금본위제로 유통되는 돈의 범위가 제한적이었다.

1931년 9월 20일 영국 정부는 금본위제를 중지했고 1년 반 뒤 미국도 포기했다. 각국의 중앙은행이 얼마든지 유동성을 공급할 수 있는 토대가 마련되었다. 미국의 경우 정부가 유동성을 충분히 공급할 수 있었으므로 소비자 물가지수가 하락한 해가 없었다. 경제학자 밀턴 프리드먼은 '본원 통화(현금+지급준비금)가 아닌 M2(현금+예금)가 인플레이션과 밀접하다'고 밝히며 '위기가 올 때마다 지폐를 풀어 넘치도록 해야 한다'고 말했다.

각국에서 지금까지 여러 번 경제 문제를 겪어오면서 점점 중앙은행의 중요성이 부각되었고 중앙은행은 경제가 안정적으로 발전할 수 있도록 노력했다. 최근 금융위기가 터진 후 미국 연방준비제도 이사회 의장이던 벤 버냉키는 연방준비제도 이사회의 역할에 대해 쓴 책《벤 버냉키, 연방준비제도와 금융위기를 말하다》에서 다음과 같이 말했다.

중앙은행은 무슨 일을 할까요? 이들의 사명은 무엇일까요? 첫 번째 측면은 거시경제의 안정을 이루기 위해 노력하는 것입니다. 즉, 안정적 경제 성장을 달성하고, 경기 침체 등과 같은 커다란 변동을 피하며, 인플레이션을 낮고 안정적으로 유지하는 것을 의미합니다. 또 한 가지 기능은, 금융 안정을 유지하는 것입니다. 중앙은행은 금융 시스템이 정상적으로 작동하도록 노력하며, 특히 금융 패닉 또는 금융위기를 예방하거나 경감하기 위해 노력합니다.

미국뿐만 아니라 전 세계 각국의 중앙은행이 하는 역할이다. 경제를 안정적으로 성장시키는 것이 첫 번째 목표이고 다음으로 금융 안정을 유지하는 것이 두 번째 목표이다. 경제적 안정 측면에서는 통화정책이 가장 주된 수단이다. 단기금리를 인상하거나 인하한다. 대표적으로 공개시장에서 국채를 매입 및 매각 한다. 금리가 낮아지면 주택 구입이나 건설이 좀 더 쉬워지며 기업 투자가 증가한다. 경제에 더 많은 수요가 발생하며 소비가 진작되고 이는 곧 성장의 원동력이 된다.

금융 패닉이나 금융위기가 왔을 때 중앙은행이 주로 사용하는 방법은 유동성 공급이다. 금융 안정에 대한 우려가 팽배할 때 이를 해소하기 위해 중앙은행은 금융기관에 단기 대출을 한다. 금융기관에 단기신용을 제공하면 시장을 진정시키는 데 도움이 되어 금융기관이 안정화된다. 덕분에 금융위기를 완화하거나 끝내는 데 도움이 된다. 중앙은행이 최종 대부자 역할을 하며 금융기관에 막힌 피가 돌 수 있도록 공급을 한다.

이처럼 중앙은행에서 거시경제 안정을 위해 가장 중요히 사용하는 정책 수단은 통화정책이다. 다시 말하자면 시장에서 국채를 매입하거나 매각하는 공개시장 조작을 활용해서 금리를 올리거나 내린다. 안정적인 거시경제 환경을 조성하도록 노력한다. 금융 안정을 위해 양질의 담보를 확보해서 범칙 금리를 부과하며 대부한다. 금융기관들에 단기대부를 제공하여 자금 인출 사태를 막고 그 규모를 축소시킨다. 그로 인해 금융 시스템과 실물경제로 피해가 퍼지는 것을 막는다. 경제를 바라보는 중요한 내용이라 반복으로 썼다.

미국 연방준비제도 위원회가 해야 할 중요한 책무에 대해 번 베냉키는 또 다음과 같이 말했다.

연방준비제도에는 이중 책무가 부과되어 있습니다. 우리는 언제나 두 가지 목적을 갖고 있지요. 그중 하나는 고용 최대화입니다. 우리는 이 목적을, 경제가 성장을 지속하고 그 생산능력이 완전히 가동될 수 있도록 한다는 의미로 해석합니다. 이렇게 성장을 자극하고 사람들을 일터로 복귀시키기 위해 노력하는 한 가지 방식이 저금리인 것이지요. 우리 책무의 두 번째 부분은 물가 안정 즉 낮은 인플레이션입니다. 우선 연준은 매우 성공적으로 인플레이션을 낮게 유지해왔습니다.

한국이라고 다를 바가 없다. 한국은행법 제1조 제1항에 "한국은행을 설립하고 효율적인 통화신용정책의 수립과 집행을 통하여 물가 안정을 도모함으로써 국민경제의 건전한 발전에 이바지함"이라고 되어 있다. 한국은행이 최우선으로 중시하는 것은 물가 안정이다. 다음으로 중요한 것은 금융 안정이다. 한국은행법 제1조 제2항에 "한국은행은 통화신용정책을 수행함에 있어 금융 안정에 유의하여야 한다"라고 분명히 써 있다.

금융위기 직후 한국은행은 기준 금리를 인하해 1%대까지 낮췄다. 공개시장 조작 대상증권 및 대상기관을 확대했고 채권시장 안정펀드 출자기관인 금융기관에 유동성을 공급했다. 아울러 은행에 대한 총액 대출 한도 증액, 지준예치금에 대한 이자 지급, 자기자본 확충 노력을 지원하며 안정화시켰다. 이뿐만 아니라 미국, 중국, 일본의 중앙은행과 통화스왑 협정을 체결해서 은행에 신속하고 충분한 외화 유동성을 공급했다.

　현재 미국을 위시한 대부분의 국가들이 저금리 상황이다. 중앙은행이 금리를 내린 목적 자체가 경제를 어서 빨리 활성화시켜 소비를 진작시키고 기업 활동을 독려하기 위함이다. 반대로 금리가 올라가고 있다면 각국 중앙은행의 이런 조치는 서서히 경제지표가 좋아져 나타날 과도한 열기로 버블이 발생하는 것을 막기 위한 조치다.

　금리는 중력과도 같다. 모든 것을 끌어당긴다. 지구를 벗어날수록 중력이 약해지며 우주에 유영할 수밖에 없다. 마찬가지로 금리가 높을 때는 중력처럼 모든 것을 끌어당겨 땅 위에서 높이 날 수 없도록 만든다. 반대로 금리가 낮을 때는 우주를 유영하는 것처럼 날 수 있는 환경을 제공한다.

　금융위기를 벗어나기 위해 금리를 내린 미국 중앙은행이 중요하게 보는 고용 지표 중 비농업 부문이 점점 개선돼 내려가며 전체적으로 좋아지고 있어 주택가격도 주식 가격도 올라간 상태이다. 경제가 중력에서 벗어나 난리를 치기 전에 선제적으로 금리를 인상해 중력 가동기를 작동하는 것이다. 경제지표와 상황이 좋지 않은데 금리를 올리는 국가는 전 세계적으로 그 어떤 곳도 없다. 정부에서 작정하고 국가를 부도내 망치려 들지 않는다면 말이다.

금리와 환율

클린턴 행정부에서 재무장관을 지낸 서머스는 다음과 같은 일화를 알려줬다.

아인슈타인이 천국에 가자 신은 천국의 입구에서 들어오는 사람들에게 직업을 부여하는 일을 하라고 지시했다. 기꺼이 이 일을 맡은 아인슈타인은 눈앞에 처음 나타난 사람에게 물었다. "당신은 IQ가 몇입니까?" 그 사람이 "200입니다"라고 대답하자 아인슈타인은 그에게 상대성 이론을 연구하라고 권했다. 두 번째 사람에게도 똑같은 질문을 해 IQ 150이라는 대답을 듣자 아인슈타인은 세계경제를 예측하라고 했다. 마지막으로 입장한 사람은 IQ가 60이었는데, 아인슈타인은 아주 엄숙한 표정으로 진지하게 충고했다. "그럼 당신은 환율을 예측하는

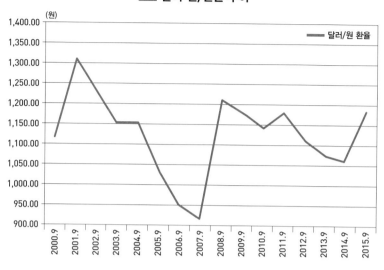

표20 달러 원/환율 추이

(원)

1,400.00

1,350.00

—— 달러/원 환율

1,300.00

1,250.00

1,200.00

1,150.00

1,100.00

1,050.00

1,000.00

950.00

900.00

2000.9 2001.9 2002.9 2003.9 2004.9 2005.9 2006.9 2007.9 2008.9 2009.9 2010.9 2011.9 2012.9 2013.9 2014.9 2015.9

* 출처 : 한국은행

일을 하시오."

　똑똑한 사람이나 약간 머리가 모자란 사람이나 똑같이 환율에 대해 맞추려 예측해봤자 의미 없다는 뜻이다. 환율은 예측하기보다는 추세를 파악해야 한다. 환율이란 두 개 국가의 통화 교환비율을 말한다. 쉽게 표현하면 우리 돈으로 표시된 외국 돈의 가격이다. 한 국가의 통화는 자국에서만 통용되고 외국에서는 사용할 수 없다. 각기 다른 통화를 서로 교환할 때 국가 간 다양한 변수에 의해 환율이 결정된다. 미국 돈 1달러를 한국 돈으로 변경할 때 1,000원일 수도 1,200원일 수도 900원일 수도 있다. 이렇게 환율은 시시각각 변하게 마련이다.

　과거 고정환율제에서는 경제 상황을 제대로 반영하지 못하고 환위험에 노출되는 등 경제 수준이 커지면서 갈수록 제대로 기능을 하지 못했다. IMF 구제금융 이후에 한국은 실질적인 변동환율제로 환율이 변동되고 있다. 환율을 결정하는 것은 복합적이라 금리나 물가, 경기 등 한 가지 요소로 결정되지 않는다. 국가 간에도 각자 중요도가 다르고 국가 경제 수준이 다를 수밖에 없어 무조건 1,000원에 1달러라는 공식은 성립되지 않는다.

사람들의 인식과 달리 부동산에서 환율은 무시할 수 없는 요소 중 하나다. 달러/원 환율에 따라 한국의 경제 상황이 변동한다. 한국은 직접표시법을 쓰고 있는데 기준이 되는 통화인 달러가 앞에, 교환되는 통화인 원이 뒤로 사용한다. 그렇기에 보통 환율을 이야기할 때 '어제 달러/원 환율은 1,000원으로 마감했다'라고 표현한다. 달러/원이 상승하고 하락하느냐에 따라 한국의 경제 여건이 달라진다.

국가마다 경제력의 차이가 생긴다. 단순하게 봐도 한국과 미국의 경제력은 차이가 난다. 이렇게 경제력이 다르고 잠재성장률이 다른데 두 나라에 똑같은 금리를 적용하면 물가상승률에 문제가 생긴다. 연평균 2%의 성장률과 1.5%의 물가 상승률을 기록한 A 국가와 연평균 3%의 성장률과 2.5%의 물가상승률을 기록한 B 국가가 똑같이 금리가 3.5%라면 A 국가는 3.5%가 적정하지만 B 국가는 5.5%가 적정하다.

만약 두 국가의 환율이 같다면 B 국가는 A 국가에서 대출받으려 한다. A 국가에서 대출받은 돈이 B 국가로 흘러들면 유동성이 증가하며 경제활동이 활발해지고 자산 가격이 상승한다. 1달러는 1,000원이라는 고정환율제라면 두 국가에서 불균형이 생기지만 변동환율제라면 이런 것들이 감안되어 1달러에 1,100원이나 900원 등으로 변화하면서 두 국가가 균형을 이루게 된다.

선진국의 경제가 나빠지면 환율이 상승하며 은행들은 단기외채로 갖고 있는 통화의 만기 연장이 힘들어지고 원리금 상환 부담이 커진다. 은행은 대출해줄 수 있는 여력이 줄어들면서 유동성 공급이 줄어든다. 경제 여건이 나빠지며 기업 수익이 줄어들고, 외국 투자자들이 자금을 회수하면 환율이 상승하면서 유동성은 더욱 줄어든다. 반대로 선진국 경제가 좋아지면 환율이 하락한다. 은행은 상환할 단기외채 부담이 줄어들며 빨리 상환할 이유도 없다. 유동성이 증가하며 은행들은 대출을 늘려 경기 여건은 좋아지고 기업들은 수익이 늘어나며 유동성은 더욱 증가한다.

총저축에서 총투자를 제외한 경상수지는 환율 추세를 결정짓는 중요 요인이다. 저축이 투자보다 많을 때 경상수지가 흑자가 되면서 달러/원이 하락한다. 반대로 투자가 저축보다 많으면 경상수지는 적자가 되면서 달러/원이 상승한다. 경제지표에서 잠재GDP보다 실재GDP가 좋으면 투자보다 저축이 많은 것이 되어 경상수지 흑자가 되어 달러/원이 하락하고 실재GDP가 잠재GDP에 미치지 못하면 저축보다 투자가 많은 것이 되어 경상수지는 적자가 되어 달러/원이 상승한다.

쉽게 이야기해서 저축이 많아지면 돈이 남아 경상수지가 흑자가 된다. 그만큼 원화의 힘이 강해진다. 강해진 원화는 1,100원에서 1,000원으로 하락한다(실제로는 몇 원 정도가 움직인다). 반대로 저축보다 투자가 많아 돈이 부족하면 경상수지가 적자가 된다. 자연스럽게 원화의 힘이 약해진다. 원화는 1,000원에서 1,100원으로 오른다. 달러를 기준으로 하는 직접표시법을 쓰고 있어 이해가 좀 어려울 수 있지만 달러를 기준으로 원화가 움직이는 현상이라 그렇다.

경상수지가 장기적인 환율 추세라면 환율이 개방되고 투자가 자유로운 한국 같은 경우 단기에는 외국인 투자자의 결정에도 영향을 미친다. 미국 경제가 안 좋아 미국 회사채 금리가 올라가면 위험을 회피하고자 안전한 미국에 투자하기 위해서 외국인 투자자들은 한국 자산을 매도하기 시작한다. 한마디로 미국 경제 여건이 안 좋아 경제지표가 나빠지면 한국과 같은 개발도상국가에 투자하기보다는 위험 회피 현상으로 달러자산에 투자하며 달러/원이 상승한다. 국고채와 회사채의 금리 차이인 신용스프레이가 벌어지면 — 확대라고 표현 — 미국인들은 안전자산을 추구하며 개발도상국가에 투자한 것을 매도하기 시작하며 달러/원이 상승한다.

채찍을 휘두르면 채찍의 손잡이에서 채찍 끝으로 갈수록 더 많이 움직인다. 이를 채찍효과라 하는데 공급사슬의 맨 끝에 있는 회사는 수요 예측이 늦기 때문에 수요가 줄어들 때 오히려 재고가 더 많아지는 현상이 생긴다. 미국 경제가 좋아지면 일정한 시차를 두고 수출 지향국가인 한국은 수출이 늘어난다. 이와 더불어 외국 투자자들은 수익이 늘어나는 한국 기업에 대한 투자를 늘린다. 이렇게 유입된 달러 덕분에 달러/원은 하락한다. 즉 원화 강세, 달러 약세가 된다.

한국에서 달러/원은 월말 기준으로 1964년 5월 255.77원을 시작으로 1980년에서 1990년대까지 800원 대에서 머물렀다가 IMF 구제금융 이후인 1998년 2월 1,640.10원까지 급격히 상승한 후 2010년대 들어 1,100원을 기준으로 상승과 하락을 반복하고 있다. 미국이 한국보다 경제력이 큰 국가라 미국 금리가 한국 금리보다 낮은 것에 익숙하다. 그렇다고 한국 금리가 미국 금리보다 낮으면 반드시 달러가 물밀듯이 빠져나가는 것은 아니다.

이미 알고 있는 것처럼 경상수지가 악화되면 물가가 올라 달러/원은 상승한다. 1달러가 1,000원에서 1,100원으로 오른다. 즉 원화 약세가 발생한다. 변동환율제이면서 수출 지향 국가인 한국은 수출 기업의 실적이 개선된다. 이익이 1,000원에서 1,100원으로 올라가서이다. 이렇게 들어온 달러와 함께 외국 투자자들이 함께 들어오며 달러/원은 다시 하락해서 원화 강세가 된다. 미국과 한국의 환율은 그런 이유로 대체적으로 소비자물가지수CPI에 따라 움직인다.

간단히 말해 미국이 한국보다 금리가 높다고 해서 한국에 있는 모든 달러가 미국으로 간다는 뜻이 아니다. 미국보다 오랫동안 금리가 낮았던 일본은 세계에서 달러 보유 2위 국가다. 경기를 부양하고 물가 하락 위험을 막기 위해 금리를 0% 대까지 낮춘 일본에서 그 많은 달러가 미국으로 가지 않았다는 뜻이다. 변동환율제에서 국가 간 통화 교환은 여러 가지 변수가 작용한다.

지금까지 설명했듯이 달러/원이 상승하면 — 원화약세 — 수출 지향 국가인 한국은 기업 실적 개선에 이어 유동성이 공급되어 자산 시장을 상승시킨다. 달러/원이 하락하면 — 원화강세 — 그 반대 현상이 나타난다.

금리와 자산시장

금리와 경제는 필요불가결한 관계다. 경제가 과열될 때 금리를 올리고 경제가 안 좋으면 금리를 내린다. 금리를 올려 경제가 안 좋아지고 금리를 내려 경제가 좋아지는 것이 아니다. '닭이 먼저냐 달걀이 먼저냐'처럼 서로 영향을 미친다. 변화무쌍한 현대사회에서 선제적으로 정부에서 금리를 조작할 수도 있고, 후행적으로 금리를 통해 경제 안정을 추구하기도 한다.

많은 사람들이 착각하는 것처럼 금리에 따라 정부에서 경제를 임의적으로 만드는 것이 아니라 경제 상황의 변화에 따라 정부에서는 금리 조작으로 경제 안정을 추구한다. 이런 사실은 한 국가의 금리뿐만 아니라 환율에도 서로 영향을 주고받는다는 걸 이제 알게 되었다. 금리와 자산 시장은 어떤 함수관계가 있는지 지금부터 한번 들여다보자.

과거에는 부동산과 주식이 서로 반대로 움직인다는 이야기도 있었다. 하지만 부동산과 주식 시장은 거의 비슷한 시점에 약간의 시차를 두고 움직인다. 주식 가격이 떨어지는 데 주택가격은 오르거나 주식 가격이 올라가는데 주택가격은 떨어지는 경우보다는, 거의 비슷한 추세를 보인다. 이 부분도 금리와 함께 들여다봐야 정확하고도 큰 그림을 보게 된다.

한국은행 경제통계 시스템에서 시장 금리를 조회하면 1991년부터 데이터를 얻을 수 있다. 1990년대 금리는 평균 10%를 넘었다. 은행에 1억을 맡기면 세전 이자로 1년에 1,000만 원을 받을 수 있다는 의미다. 1991년 연말에는 17.07%였다. 이 정도 금리에는 투자를 해야 할 이유도 없다. 투자는 위험을 감수해야 하지만 은행 이자는 아무런 위험 없이 얻을 수 있는 수익이다. 그런 관계로 1990년대 주식과 부동산 가격 변동은 제외한다.

IMF 구제금융 사태를 겪은 후 1999년부터 무담보콜금리를 기준으로 할 때 그해 말 기준 금리는 5%였고 코스피 주가지수는 1,028.07 포인트였다. 다음 해인 2000년에 금리는 5.16%로 오른 반면에 코스피는 504.62로 반 토막이 났다. 지속적으로 떨어진 금리는 2004년에 3% 대로 떨어져 3.64%였고 코스피는 조금씩 올라 895.92로 거의 400포인트나 올랐다.

2006년에 다시 4% 대로 금리가 올라 4.19%에서 2008년에는 4.78%까지 올랐고 코스피는 2006년에 1,434.46포인트에서 2008년에는 1,124.47으로 309.99포인트 떨어졌다. 금융위기 직후인 2009년에는 금리를 1.98%까지 내렸고 2011년에는 3.09%로 금리가 다시 올

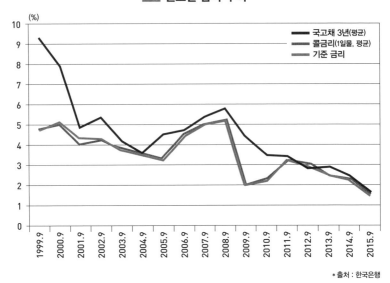

표21 연도별 금리 추이

(범례)
- 국고채 3년(평균)
- 콜금리(1일물, 평균)
- 기준 금리

＊출처 : 한국은행

랐다. 이 당시 코스피는 2009년에 1,682.77포인트에서 2011년에는 1,825.74로 올랐다.

이후 금리는 지속적으로 내려가 2015년 8월에 1.5%까지 내렸다. 코스피는 계속 등락을 반복하며 2015년 8월 말 기준으로 1,941.49포인트로 올랐다. 지금까지 본 바처럼 금리와 주가는 역의 관계가 대체로 성립되지만 반드시 금리가 내릴 때 주가가 오르고 금리가 오를 때 주가가 내리는 것은 아니다.

주택가격의 경우를 보자. 1999년, 2000년에 금리가 5%에서 5.16%로 오르는 동안 국민은행 주택가격지수 2013년 3월을 기준 100으로 보았을 때 1999년(1월)에 54에서 2000년(12월) 55.5로 상승했다. 2004년 기준 금리가 3.64%로 떨어졌고 전국의 주택가격지수는 2004

년 12월에 73.5로, 2000년에 비해서 18포인트 상승했다.

2006년 4.19%로 오른 금리는 2008년 4.78%로 더 오른다. 이 기간 동안 전국 주택가격지수는 2006년 12월 말 85.3으로 상승한 후 2008년 12월에 90.7로 2년 동안 17.2포인트나 상승한다. 2000년부터 2004년까지 금리가 1.52%p 떨어지는 동안 주택가격지수는 18포인트 상승하고 2006년에서 2008년까지 금리가 1.14%p 오르는 동안 17.2포인트 올라 금리와 상관없이 상승하는 모습을 보여줬다.

이후 2009년 금리를 1.98%로 내린 12월 말에 주택가격지수는 92이었는데, 2011년 3.09%로 금리를 올린 12월 말에는 주택가격지수가 100.2로 상승했다. 금리를 지속적으로 내려 2015년 8월 현재는 1.5%이다. 2011년에 비해 금리는 1.59%p 내렸고 주택가격지수는 105.7포인트로 상승했다. 금리와 함께 주택가격을 보면 금리의 하락과 상승에 따라 주택가격이 움직였다고 보기에는 다소 부족하다. 실제로 이 기간 동안 1999년 1월부터 2015년 8월까지 전국 주택가격은 95.52% 상승한 것으로 나온다.

전 국민의 관심사인 아파트를 기준으로 하면 1999년에서 2000년까지 42.4에서 45.6로 상승한다. 2000년 대비로 금리가 1.52%p 떨어진 2004년 12월 말에는 69.9로 24.3포인트나 상승했다. 2004년 3.64%에서 2008년 4.78%까지 금리가 다시 1.14%p 오르는 동안 2008년 12월 기준으로 아파트가격지수는 88로 18.1포인트 상승한다. 2009년 금리가 1.98%로 금리가 2.8%p나 내렸지만 아파트 가격은 89.4로 1.4포인트 밖에 상승하지 못했다.

2011년 3.09%로 다시 금리가 2009년에 비해 1.11p% 올라간 기간 동안 아파트가격지수는 100.4로 아파트가격지수는 11포인트나 상승했다. 금리가 다시 1.5%로 내려간 2015년 8월의 아파트가격지수를 보면 금리가 오를 때보다는 덜 상승한 106.5를 기록했다. 1999년 1월부터 2015년 8월까지 전국 아파트가격지수는 151.06% 상승했다.

끝으로 서울의 아파트를 살펴보자. 금리가 1999년 5%에서 2000년에 5.14%가 되는 동안 서울의 아파트가격지수는 37.8에서 42.9로 상승한다. 2004년 금리가 1.52p% 내려 3.62%가 되었을 때 서울 아파트가격지수는 무려 30.2포인트나 올라가 73.1에 이르렀다. 2006년에 금리가 4.19%로 오른 후 2008년에는 2004년 대비로 1.14%p 올라 4.76%가 되었다. 2004년과 비교해 금리가 1.14%p 오르는 동안, 서울의 아파트가격지수는 2008년 12월에 105.8이었으므로 2004년과 비교하면 32.7포인트나 상승한 것이어서 금리가 올랐을 때나 내렸을 때나 아파트가격지수에는 별 차이가 없었다.

1년 만에 무려 2.8%p로 가장 많이 금리를 내린 2009년에 금리는 1.98%였는데, 서울의 아파트가격지수는 105.8에서 108.5로 그보다는 작은 폭인 2.7포인트밖에 상승하지 않았다. 2011년 금리가 3.09%로 1.11%p 올랐을 때 12월 서울 아파트가격지수는 105.6로 가격지수가 2.9포인트 하락했다. 그 이후 금리가 2015년 8월 기준 1.5%까지 꾸준히 내렸지만 서울 아파트가격지수는 103.4로 3년 넘는 기간 오히려 2.2포인트 하락했다. 전체적으로 서울 아파트 가격은 1999년에서 2015년 8월까지 173.67% 상승했다.

지금까지 본 것처럼 금리와 주택가격은 반드시 역의 관계가 성립한다고 볼 수는 없다. 금리가 오른다고 주택가격이 하락하거나 금리가 떨어진다고 주택가격이 상승한다고 무조건으로 볼 수는 없다. 금리가 떨어질 때 주택가격이 상승하기도 했지만 금리가 올랐음에도 주택가격이 상승하기도 했고, 금리가 떨어질 때 주택가격이 함께 하락하기도 하고 금리가 올라서 주택가격이 하락하기도 했다.

첫 장에서 설명한 것처럼 금리는 경제의 후행적인 성격을 더 많이 갖는다. 경제가 좋아져서 금리를 올리며 과열을 막거나 경제가 나빠 금리를 내리며 돈을 돌게 만든다. 자산 시장은 대체적으로 금리의 영향을 받지만 반드시 그렇지 않다는 것도 우리는 알 수 있었다. 다만, 금리가 오르면 자산 가격이 하락할 가능성이 크고 금리가 떨어지면 자산 가격이 상승할 가능성이 커진다고 할 수 있다.

경제가 좋지 못한 상황에는 금리가 내려도 대부분 크게 신경을 쓰지 않고 경제가 좋은 상황에는 금리를 올려도 또 크게 신경을 쓰지 않는다. 경제가 좋으면 금리가 올라도 기꺼이 받아들이고 경제가 나쁘면 금리를 내려도 감히 돈을 쓸 생각을 하지 못한다. 복합적으로 작용하는 경제 상황에서 금리는 가장 중요하지만 모든 것이 될 수는 없다는 것이 부동산에도 적용된다. 2010년대에 가장 금리가 높았던 것이 3%대였고 2000년대로 거슬러가면 2000년의 5.14%가 가장 높았다. 향후에 경제 상황에 따라 정부는 금리를 올리기도 하고 내리기도 할 것이다. 지금까지 살펴본 것처럼 1~2% 정도의 금리 변동으로 자산 가격은 크게 출렁이지 않는다는 사실도 확인할 수 있었다. 국채와 같은 커다란 자산 시장에서 1%는 커다란 의미를 갖고 있지만 개인에게 1% 정도는 얼마든지 감당할 수 있는 수준이다. 자신이 감당할 수 있는 범위에서 실행한 대출이라면 말이다.

금리가 중요한 이유는 바로 대부분의 사람들이 주택 구입 때 거의 대출을 받기 때문이다. 대출은 바로 금리와 직접적으로 연결되어 있다. 다음 장에서 이 부분에 대해 알아보자.

빚으로 쌓은 집

2008년 10월 미국 주식시장은 무려 5주 동안 30퍼센트 가까이 떨어졌다. 리먼브라더스처럼 잘나가던 기업들이 파산했고 AIG를 비롯한 금융사에 공적 자금이 수천억 달러 투입되었다. 라스베이거스 주택가격도 40퍼센트나 떨어졌다. S&P, 무디스 등의 신용평가사는 주택저당담보부 증권MBS에 들어간 수조 달러가 회수 불능에 빠진 책임을 져야했다. 유일하게 오른 것은 불행히도 실업률이었다.

우리기 익히 알고 있는 금융위기의 출발점은 부동산이다. 부동산이 금융위기의 시작이라는 사실은 다소 낯설지도 모른다. 도대체 미국에서 무슨 일이 벌어졌기에 미국 부동산으로부터 금융위기가 터져 나와 전 세계적으로 자산 시장이 폭락을 겪고 경제가 어려운 상황에 빠진 것일까.

미국은 전 세계에서 가장 빈부 격차가 심한 국가다. 20/80 법칙은 자산 형성에도 나타나고 있는데 현대에 와서 부자는 더욱 큰 부자가 되며 10/90을 넘어 10% 내에서도 또다시 10/90 법칙이 적용되며 0.1%에 속하는 부자들이 생겨났다. 이들을 그리스어로 '부富'를 뜻하는 플루토Pluto와 '권력'을 뜻하는 크라토스Kratos를 합쳐 플루토크라트Plutocrats라 부른다. 이번 금융위기도 월스트리트에서 거대한 부를 소유한 플루토크라트들의 탐욕이 빚은 결과라고 주장할 정도로 빈부의 격차는 점점 심해지고 있다.

이런 빈부의 격차는 결국에는 소득 불평등이 원인이다. 소득의 불평등은 또 교육의 불평등에서 온다. 미국 오바마 대통령이 그토록 한국의 교육을 배우라며 교육의 중요성을 강조한 이유다. 소득 불평등이 커지며 유권자의 불만이 점점 커지는 문제가 생겼다. 정치권은 이런 불만을 해소해야만 정권 유지를 할 수 있기에 클린턴 정부에서 저소득층을 위한 서민용 주택을 개발, 공급할 계획을 마련했고 부시 정부도 주택 보유율을 폭넓게 늘리겠다는 좋은 의도를 갖고 있었다.

가난한 서민들은 주택을 구입할 생각이 없었다. 이들에게 주택을 공급하는 가장 좋은 방법 중 하나가 바로 주택 금융 확대였다. 서민들이 대출을 쉽게 받을 수 있도록 정치권에서 압력을 가했다. 금융기관은 리스크를 가장 먼저 고려한다. 대출을 실행하고 제대로 이자를 갚을 수 있는 능력을 따질 때 이들에게 도저히 대출을 해줄 수 없었다. 이들은 대출 이자마저도 상환할 능력이 없기 때문이었다.

경제가 발전하며 소외된 계층을 대상으로 직접적인 대책을 마련하기는 힘들었다. 이들에게 해줄 수 있는 가장 최선은 바로 정치적으로 금융기관에 압력을 넣어 대출을 쉽게 받을 수 있도록 하는 것이었다. 어느 금융기관도 앞장서서 총대를 매려 하지 않았다. 이때 정부의 눈에 들어 온 것이 페니 메이와 프레디 맥 같은 국영 모기지 업체였다. 이들을 통해 서민들에게 대출을 실행하기로 했다. 우리로 치면 LH에서 책임지고 대출해주는 것이다.

정작 이들 모기지 업체를 통해 대출을 하려 했지만 서민들은 어느 누구도 주택 구입의 의지가 없었다. 자신들 수입 수준에 주택 구입은 언감생심이었던 이들을 공략하기 위해 페니 메이와 프레디 맥은 영업사원들을 고용한다. 영업사원들은 가가호호 방문하며 서민들에게 주택 구입을 독려한다. 난색을 표명하는 서민들에게 영업사원들은 걱정하지 말라고 한다. 걱정 말라는 이유가 무엇이냐고 묻자 영업사원들은 자신있게 돈 한 푼 없어도 대출받을 수 있다고 대답한다. 어떻게 그럴 수 있냐고 묻자 구입할 주택가격 전액을 대출해줄 거라고 알려준다.

주택 구입 의사가 없던 사람도 이렇게 영업사원이 적극적으로 집까지 찾아와서 주택가격만큼 대출이 가능하다고 하니 생각이 바뀔 수밖에 없었다. 내 집 하나 갖고 싶은 것은 한국이나 미국이나 다를 바가 없었다. 그렇게 하나둘 주택 구입을 시작하자 주택가격이 오르기 시작했다. 수요와 공급 법칙에 따라 공급에 비해 수요가 넘치니 주택가격이 오르는 것은 당연했다. 그 전까지 꿈도 꾸지 못했는데 자산이 증가하자 사람들은 자신이 부자가 되었다는 착각을 불러일으켰다.

주택가격이 올라 자산 증가의 즐거움을 한층 누리고 있는데 심지어 금융기관에서는 오른 금액만큼 추가로 대출을 더 받을 수 있다고 알려준다. 주택가격이 오르고 있어 추가로 대출받아도 별문제 없을 것이라는 믿음이 생긴다. 대출한 금액만큼 소비를 시작했다. 그와 더불어 미국은 호황을 즐겼다. 최대 소비 국가인 미국이 흥청망청 소비를 시작하자 전 세계적으로 미국에 수출이 늘어나가데도 물가는 오르지 않는 골디락스 현상이 나타난다.

금융기관은 이런 모기지 채권 중 서로 다른 위험성을 갖고 있는 것을 엮어 새로운 금융상품을 만들어 판매하기 시작한다. 이를 CDO(부채담보부증권Collateralized Debt Obligation)라 했다. 신용평가기관은 서로 다른 모기지로 구성된 CDO가 지급 불능이 될 가능성을 5%로 평가했다. 모기지 5개를 모아 위험과 수익이 서로 다르지만 수익이 확실히 지급되는 걸 알파 풀이라고 하였고 5개 모기지 중에 하나라도 지급 불능이 되면 한 푼도 받지 못하는 것을 엡실론 풀이라 한다.

위험을 싫어하는 기관들은 알파 풀을 선호하지만 위험하지만 매입 가격이 낮아 수익이 큰 엡실론 풀을 투자자들은 선호했다. 이 모기지들은 일용직 근로자들처럼 불안정한 주택 담보 대출과 개업 의사처럼 확실한 주택 담보 대출이 묶여 있었다. 리스크가 다른 대출이 포함되어 있지만 이들이 한꺼번에 지급 불능 사태가 될 가능성이 극히 적다고 보고 신용등급을 무려 AAA 등급으로 매겼다. 더구나 5개 모기지 모두 지급 불능이 될 가능성이 없다고 보고 알파 풀은 기관들마저도 적은 수익이라도 무한정 낼 수 있다고 믿었다.

AAA 등급 채권은 5년 안에 지급 불능이 될 가능성이 0.12%밖에 안 되어 850건 가운데 겨우 1건 밖에 없다는 뜻이 된다. 이들 CDO 등급 평가의 97%를 S&P와 무디스사가 했는데 문제는 CDO를 평가받는 회사의 돈을 받고 평가했다는 것이다. CDO가 많으면 많을수록 신용평가회사의 이익은 늘어날 수밖에 없는 구조였다. 이렇게 탐욕은 한없이 늘어났다. 하지만 S&P 내부 자료에 의하면 AAA 등급의 CDO 가운데 약 28%가 지급 불능이 되었다고 한다. 실제로 평가한 0.12%에 비해 무려 200배나 더 높았다.

이렇게 과도하게 팽창한 자산 시장은 소비를 부추겼고 소비는 또다시 경제를 발전시켰다. 소비 진작 효과까지는 좋았지만 소득이 문제였다. 주택가격이 오른 만큼 대출을 받아 소비를 할 수 있었지만, 소득은 변하지 않았으므로 소득 이상으로 소비를 했던 것이다. 점차 돈이 증발되어 고갈되니 서서히 대출이자의 압박이 시작되며 금융기관들은 차압에 들어갔다.

모든 국민에게 주택을 구입할 수 있게 해주겠다는 정부의 선한 의도는 국민들로 하여금 자산 시장의 상승과 함께 부자가 되었다는 달콤한 단맛을 맛보게 했지만 환상은 오래 지속되지 못하고 모래 위에 지은 성이 되고 말았다. 그동안 주택가격이 지속적으로 오를 것이라는 환상에 빠져 소비를 마음껏 할 수 있었던 배경인 주택가격이 2007년부터 떨어지기 시작했다. 주택 허가 건수도 절반으로 떨어지며 대출 조건도 까다롭게 제한되었지만 한 번 고삐 풀린 망아지는 손아귀에서 벗어난 지 오래되었다.

2007년 미국 중산층의 전체 자산 가운데 65%가 주택에 묶여 있었다. 자산 가격이 상승하며 자신이 더 부유해졌다는 착각에 빠져 소비를 늘린 부의 자산 효과는 이제 끝을 향해 달렸다. 예를 들어 30평 아파트 신규 분양이 5억가량이라면 근처에 있는 3억짜리 아파트는 더없이 싸게 느껴진다. 이제 30년 된 아파트가 4억으로 올라도 이상하게 느껴지지 않는다. 모든 사람이 부자가 되었다는 꿈에서 벗어나지 못하는 것이다.

1억짜리 주택을 갖고 있는데 8,000만 원을 대출받고 2,000만 원이

자기 자본이라면 주택가격이 오를 때 누구나 다 행복하다. 오른 금액만큼 금융기관을 통해 대출이 가능하니 더 대출을 받았다. 어느 순간 주택가격이 떨어지기 시작해 8,000만 원이 되었다. 자산이 줄어든 개인은 소비를 줄이고, 기업은 실적이 줄어 직원을 해고한다. 해고된 직원은 더 이상 이자를 낼 수 없다. 주택가격이 오를 때는 상관이 없지만 떨어진 상황에서는 팔리지도 않고 대출 이자도 내지 못한다.

이렇게 빚으로 지은 주택은 큰 타격이 되어 국가 전체를 흔들 수도 있다. 주택가격이 오를 것이란 낙관론자들은 대출을 받아 구입한다. 비관론자들은 만약을 대비해서 자기 자본으로 구입하려 한다. 낙관론자들이 득세할 때는 주택가격이 상승하는데 그 이유 중 하나가 바로 대출이다. 대출이 없다면 가격은 상승할 수 없다. 대출 없이 주택 구입을 하는 경우는 거의 없다. 그런 의미로 정부가 미국처럼 얼마든지 의지를 갖고 실행한다면 주택가격은 얼마든지 오를 수 있다. 전 국민에게 주택을 선사하겠다는 선한 의도를 갖고 실행을 하면 한동안 행복한 꿈속에 사는 듯한 일장춘몽이 될 가능성이 농후한 것이 우리가 지금까지 봐온 역사다.

누구나 빚으로 집을 소유하게 마련이다. 중요한 것은 자신이 감당할 수 있는 범위 내에서 구입해야 한다는 것이다. 자신의 소득과 보유한 자산을 근거로 주택을 구입하면 크게 문제될 것이 없지만 소득과 자산 대비 과도하게 대출을 받으면 종국은 지금까지 나열한 최악의 결과물이 당신을 기다리고 있을 것이다.

금융과 부동산

각국 중앙은행의 가장 중요한 역할은 거시경제의 안정이고 다음으로 중요한 역할은 금융 안정을 유지하는 것이다. 금융위기가 왔을 때 유동성을 시장에 공급한다. 시장에서 국채를 매입하거나 매각하는 공개시장 조작을 통해 금리를 올리거나 내린다. 이런 노력으로 금융 시스템과 실물경제가 안정적으로 운영되며 피해가 커지는 것을 막는다. 경제를 활성화시켜 소비를 진작하고 기업 활동을 원활하게 만들기 위해 금리를 내린다. 경제가 과열되는 것을 막기 위해 선제적으로 금리를 올린다. 금리는 중력처럼 우리 경제에 작용한다.

직접표시법을 쓰는 한국은 달러를 기준으로 달러/원을 쓴다. 저축이 많은 경상수지 흑자가 되면 달러/원이 하락하고 경상수지 적자가 되면 달러/원이 상승한다. 수출 지향 국가인 한국은 세계 경제가 좋아지면 기업 수익이 오르고 달러가 들어와 경상수지 흑자가 된다. 이로 인해 달러/원이 하락하며 환율 하락이 나타난다. 변동환율제 국가인 한국에서 달러/원이 상승하면 기업수익이 좋아진다. 똑같이 1달러짜리 제품을 팔아도 환전하면 원화가 상승해서 수익이 늘어난다. 수출 지향 국가인 한국에서 환율에 따라 기업 수익이 변동하는 이유다.

1990년대 평균 10%였던 금리는 1999년 5%에서 등락은 거듭하며 2000년에 5.16%까지 올랐고, 2008년에 4.78%가 된 후 2015년 8월 이후

1.5% 선에서 머물고 있다. 주식과 부동산은 금리와 역의 상관관계를 갖는 편이다. 금리가 낮을 때 보다 높은 수익을 위해 자산 시장으로 몰려들고 금리가 높을 때 위험을 회피한다. 하지만 배운 것처럼 경기가 좋아 금리를 올리고 경제가 안 좋아 금리를 내린다. 이런 이유 때문에 반드시 금리와 자산 시장이 역의 상관관계를 갖는다고 볼 수는 없다. 대체적으로 가능성이 높다고 할 수 있다.

주택 구입에 대한 의지가 없던 미국 서민들에게 미국 정부는 서민용 주택을 개발 공급하고 대출을 확대했다. 주택가격 전액을 대출받을 수 있었던 서민들이 본격적으로 주택을 구입하자 주택가격이 올랐다. 오른 주택가격만큼 또다시 대출을 받을 수 있었다. 이렇게 올라간 주택가격은 소비를 촉진했다. 전 세계적으로 최대 소비 국가인 미국 덕분에 경제가 호황을 이루었다. 우량과 불량을 묶은 모기지 채권이 안전하다 여겨 거래한 금융기관은 수익을 올렸다. 주택가격이 떨어지자 안전하다고 믿은 모기지 채권이 부실로 판명된다. 그렇게 미국 부동산에서 시작한 경제 호황이 결국 빚으로 남았다는 것을 깨달으며. 이것이 금융 전체에 영향을 미쳐 전 세계적으로 자산 시장과 경제가 일장춘몽을 꾸었다.

금리와 환율은 한국 부동산에도 절대적인 영향력을 미치는 중요한 요소다. 동시대성이 중요시되는 현대에 특정 국가만의 위험은 드물어졌다. 한 국가의 위험은 예전과 달리 파급효과가 즉시 전 세계에서 나타난다. 여러 상황에 따라 금리와 환율은 수시로 변동하며 주택가격에 영향을 미친다. 이 사실을 꼭 인지해야만 한다.

7장

부동산은
어떻게 될까

전세와 주택가격

임차인이 전세금을 빼달라고 하는데 전세가 잘 나가지 않아 걱정이 많은 집주인이 있었다. 문제는 전세금 시세가 너무 떨어져 새로운 임차인을 찾지 못했다는 것이다. 새 임차인을 구해도 2,000만 원 이상을 돌려줘야 했다. 대출을 받으려고 해도 이자가 8%가 넘는 상황에서는 쉽지 않다. 재건축 아파트 입주가 본격화되면서 전세 시장의 수요와 공급이 무너졌다. 세입자를 찾기도 힘들고, 찾아도 추가 자금이 들어 진퇴양란의 상황이었다. 이러다 보니 임차인들은 좀 더 좋은 주택을 찾아 떠났다. 이는 2008년 여름에 일어났던 일이다.

2007년부터 잠실 주공 1~4단지가 재건축으로 5층 규모 아파트에서 30층이 넘는 아파트로 변신했다. 1단지 잠실 엘스, 2단지 리센츠, 3단지 트리지움, 4단지 레이크팰리스가 순차적으로 분양되었다. 2008년 8월 전후로 한꺼번에 1만 8000여 가구가 시장에 나왔다. 일시적으로 공급이 과잉되자 전세 물량이 많아져 역전세난이 생겼다. 잠실 트리지움 전용면적 84.83㎡의 경우 KB부동산에서 조사한 평균 전세 가격이 2008년 9월에 3억 6,000천만 원에서 2008년 10월 3억으로 큰 폭 하락했다. 이것이 끝이 아니라 2008년 12월에서 2009년 2월까지는 2억 9,500만 원까지 떨어졌다.

그랬던 트리지움 84.83㎡는 2014년 10월 6억 4,000만 원이던 평균 전세 가격이 2015년 10월 기준으로 7억 6,500만 원으로 1억 이상 상승했다. 2009년 2월 2억 9,500만 원에서 2015년 10월 7억 6,500만 원으로 6년 넘는 동안 무려 4억 7,000만 원이나 상승해 약 2배가 올랐다. 참고로 월세 가격은 1억/220만 원, 2억/170만 원, 3억/140만 원, 4억/100만 원, 6억/60만 원 정도이다.

2015년 '미친 전세'라는 용어가 등장했다. 전세난이 너무 심각해 나온 용어다. 전세가 부족해지자 아파트 내부를 보지도 않은 채 물건이 나오자마자 계약금부터 걸어놓고 본다. 아무리 돌아다녀도 전세 물건이 없어 울며 겨자 먹기로 한 달 만에 몇천만 원이 뛰어도 계약한다. 거주 중인 아파트의 주인에게서 연락이 오는 것이 가장 두렵다고, 많은 임차인들이 하소연한다. 그렇다고 딱히 이사 갈 만한 다른 전세 주택도 없으니 집주인이 올려달라는 대로 올려줄 수밖에 없다.

주택가격 못지않게 전세 가격도 일반인들에게는 관심의 대상이다. 누구나 반드시 주택에 살게 마련이다. 자가 주택이냐 임대주택이냐의 차이가 있을 뿐이지 거주하기 위한 주택은 꼭 필요하다. 전세는 한국만의 고유한 임대차 방법이라고 하는데, 한국에서는 과거부터 내려온 대표적이고 현실적인 임대차이다. 전세 가격은 통계청에서 2015년 6월을 100으로 정해 2003년 11월부터 지수를 발표해왔다.

　전국 주택의 전세 가격은 2003년 11월에 65.8에서 2005년 1월에 60.9까지 떨어졌다가 2006년 9월에 65.5로 회복한다. 그 이후 2011년 1월 80으로 오른다. 2012년 12월 90에서 2015년 9월 101.1로 올랐다. 전국 아파트 전세 가격은 2003년 11월에 56.4로 출발한다. 2005년 1월 53.6까지 떨어진 후 2005년 9월에 56.3으로 회복한다. 2010년 8월에 70.2에서 2011년 7월 80.2로 가파르게 상승한다. 2013년 10월 90.3에서 2015년 9월 101.5까지 올랐다.

　수도권 아파트 전세 가격은 2003년 11월 55.1에서 2005년 1월 50.9까지 떨어진 후 2005년 11월 55.2로 회복한다. 그 뒤 2010년 10월 70.6에서 2011년 9월 80.8로 가파르게 오른다. 2013년 6월에 83.7로 완만하게 상승하던 수도권 아파트 전세 가격은 2014년 12월 90.6으로 오른다. 2015년 9월 102.2로 1년 만에 지수상 10.6이나 올랐다.

　5대 광역시 아파트 전세 가격은 2003년 11월 58.2에서 2005년 1월 56.8까지 떨어진 후 2005년 9월 58.2로 회복한다. 2010년 8월이 되어서야 70.1로 상승한다. 1년이 못 된 2011년 5월 80.1로 오른다. 2013년 4월 90.4로 다소 완만해졌다. 2015년 9월 101.1로 수도권에 비해 완만한 상승을 보이고 있다.

　반면 수도권 연립주택과 다세대주택의 전세 가격은 2003년 11월 67.1에서 2005년 8월 58.5까지 떨어진 후 2007년 2월이 되어서야 67.1로 회복한다. 하지만 2008년 8월 80으로 급격히 상승했다. 2009년 78.4까지 다시 떨어졌지만 2011년 6월에 90이 된다. 2015년 9월 현재 100.7로 수도권 아파트가 약 1년 만에 90.6에서 102.2로 올랐지만 수도권 연립주택과 다세대주택 전세 가격 지수가 100을 넘어서는 데는 약 4년이 걸렸다.

서울의 아파트 전세 가격만 추가로 보면 KB부동산 지수에서 2013년 3월을 100으로 할 때 2003년 11월에 65.2에서 2005년 1월 61.3까지 떨어진 후에 2005년 11월 65.3으로 회복한다. 2010년 2월에 80.5로 오른다. 1년 만인 2011년 4월에 90.1로 급격히 상승한다. 2013년 3월 100으로 상대적으로 완만하게 상승한 후 2014년 3월 110.1에서 2015년 9월 121.2로 오른다. 최근 2년 동안 지수상 해마다 10씩 올라 서울 아파트 전세 가격이 가파르게 상승한다는 것을 확인할 수 있다.

지금까지 살펴본 것처럼 전세 가격은 떨어질 때도 있었지만 대부분 오른다. 급격히 오를 때도 있었고 완만하게 오랜 시간 동안 답보하며 조금씩 오르기도 했다. 최근의 전세 가격 상승은 서울과 수도권의 아파트가 주도하고 있다. 5대 광역도시 아파트 전세 가격은 보다 완만하고 수도권 연립주택과 다세대주택은 상승세가 더욱 적은 편이다.

전세 가격 상승을 주도하는 이유는 다양하다. 먼저 금리다. 이미 금리가 주택가격에 어떤 영향을 미치는지 살펴보았듯이 전세 가격에도 영향을 미친다. 금리가 낮으면 전세 대출이 보다 쉬워진다. 2010년 전세 자금 대출은 2조 281억에서 2015년 8월 현재 18조 4,925억 원으로 무려 9.1배나 증가했다. 전세 가격이 상승한 것도 한몫을 했을 것이다. 그뿐만 아니라 저금리가 지속되며 전세 대출의 부담이 줄었다. 특히 LH에서 저이자로 빌려주는 것도 한몫을 했다.

잠실 트리지움 전용면적 84.83㎡는 현재 전세 가격이 7억 6,500만 원이고 월세는 4억/100만 원이다. 월세 사는 입장에서는 3억 6,500만 원이 있으면 전세로 옮길 수 있다. 전세 자금 대출 3%로 받는다면 매월 약 91만 원 이자면 된다. 이럴 때는 차라리 전세로 가는 것이 좋다. 대부분 임차인들은 이런 이유로 전세를 선호한다. 특히 월세로 살던 임차인들은 금리가 낮아지면 월세보다 이자가 낮아지므로 전세로 옮기는 경우도 많아졌다. 어차피 월세든 이자든 매월 지출되는 금액이라 여기면 똑같다. 자연스럽게 월세에서 전세로 이사한다.

현재 통계청에서 발표한 공식적인 자가 주택 점유율은 2010년에 54.2%였다. 2013년에 약 54.06%였고, 나머지 45.94%가 임차였다. 약 1,800만 가구 중 약 826만 가구가 임차주택에 사는 것이다. 전체 가구 중 전세는 2005년 19.1%에서 2013년 16.48%로 낮아졌다. 반면 보증부 월세는 2005년 15.7%에서 18.75%로 높아졌다. 전체 가구 중 일반과 저소득층으로 구분할 때 저소득층 전세 가구는 2005년 16.9%에서 2013년 13.12%로 낮아졌고 일반 전세 가구는 2005년 19.8%에서 2013년 17.82%로 낮아졌다. 반면에 보증부 월세는 2005년 저소득층이 18.9%, 일반 가구가 14.7%에서 2013년에는 각각 24.38%, 16.49%로 늘어났다.

이와 같은 사실은 주택 소유주들이 전세를 끼고 주택을 구입하여 시세차익을 올리기보다는 월세를 받아 생활비로 쓰려는 목적이 더 강해진 결과다. 주택 소유자 중 베이비부머가 많아지며 이들이 시세차익보다는 월세로 생활비를 충족하려는 욕구가 커진 이유이기도 하다. 전세였던 주택 중 주택 소유주들이 대출을 받은 후 월세로 돌리는 경우도 생겨났다. 이뿐만 아니라 전세 중 대출이 전혀 없는 주택에 거액의 전세 보증금으로 들어가려는 전세 수요층이 늘어나며 전세 가격이 폭등하게 되었다.

서울 재건축 이주 수요가 2015년 약 1만 3,000호이고 2016년에는 약 9,000호가 예정되어 있다. 게다가 재건축 연한이 40년에서 30년으로 줄면서 과거 200만 호 주택 공급 당시에 건설되었던 신도시뿐만 아니라 많은 아파트들이 재건축 연한이 다가오고 있어 이에 따른 이주 수요가 발생할 예정이다. 이주 수요가 발생한다고 대출이 없는 아파트는 드문 실정이다.

주택 소유주들이 예금 이자보다 훨씬 금액이 많은 보증부 월세를 선호하는 추세와 월세를 내는 것보다 보다 저렴한 전세를 추구하는 임차인들의 상반된 성향은 계속 유지될 것이다. 대출이 없는 안전한 전세주택이 드물고 재건축 이주 수요까지 더하면 수도권을 비롯한 5대 광역도시의 아파트 전세 가격은 쉽게 하락하거나 안정적으로 유지될 가능성이 적다. 반면에 아파트가 아닌 연립주택과 다세대주택은 전세 가격 지수에서 살펴본 것처럼 상대적으로 안정적인 가격을 유지할 가능성이 크다.

주택 면적의 변화

필자가 어릴 때 부모님과 함께 살던 집은 단독주택이었다. 안방과 마루가 딸린 거실이 있었고 연탄을 때우며 음식을 하던 부엌이 있었다. 식구 다섯 명이 모두 안방에서 잠을 잤다. 그래도 부모님은 자기 집이 생겼다며 좋아하셨다. 그때의 거실은 지금의 거실과 용도가 달라서 짐을 보관하는 역할 이상은 하지 못했던 것으로 기억한다. TV 드라마 〈한지붕 세가족〉처럼 주인집이 좀 큰 면적을 차지하고 살기는 했지만 나머지는 전부 단칸방에서 3~5명 되는 식구가 함께 생활했다.

예전과 달리 이제는 단칸방 하나에 3~5명이나 되는 식구가 거주하는 경우는 극히 드물다. 예전에는 단칸방이라 부르고 이제는 원룸이라 부르는 방들에는 거의 대부분 혼자 산다. 예전에 소득 1~3분위가 단칸방에서 살았다고 한다면 지금은 1, 2분위 사람들이 원룸에 산다고 할 수 있는데 그 분위기와 구조가 예전과는 전혀 다르다. 더구나 최근의 원룸은 필요한 모든 가구가 갖춰져 있다.

통계청에서 5년마다 실시하는 인구주택총조사에는 주택 규모 조사도 포함되어 있다. 1985년에 9평 미만은 전체 가구에서 6.4%를 차지했고 9~19평은 47%, 19~29평은 29.2%, 29~39평은 9.1%, 39~69평은 7.1%, 69평 이상은 1.2%를 차지했다.

1985년에 전체 가구 중 6.4%였던 9평 미만은 2005년에 2%로 줄었다. 1985년에 가장 많은 가구가 살았던 9~19평은 47%에서 37.8%로 줄어든 대신에 19~29평은 29.2%에서 2005년에는 38.2%로 가장 많은 가구가 살아가는 평수로 변했다. 그 외에도 29~39평은 9.1%에서 10.9%로 39~69평은 7.1%에서 8.7%로 69평 이상은 1.2%에서 2.4%로 변했다. 이와 같이 20년 동안 우리 국민들이 거주하는 주택의 규모는 커졌다. 빈집은 제외한 수치다.

단위가 평에서 ㎡로 변경되며 주택 규모를 산정하는 기준도 2005년부터 변했다. 전체 가구 중 2005년 40㎡ 이하가 9%에서 2010년 9.1%로 약간 늘었고 40㎡ 초과 60㎡ 이하는 30.8%에서 29.4%로 줄었다. 60㎡ 초과 100㎡ 이하는 42.5%로 2005년이나 2010년이나 동일한 비중을 차지하고 있다. 100㎡ 초과 165㎡ 이하는 12.7%에서 14.6%로 늘었다. 165㎡ 초과는 4.9%에서 4.3%로 소폭 하락했다.

전체 가구가 거주하는 주택 면적이 늘었다는 사실은 1인당 주거 면적을 살펴봐도 알 수 있다. 2006년 26.2㎡에서 2008년 27.8㎡, 2010년 28.5㎡, 2012년 31.7㎡, 2014년 33.5㎡로 1인당 주거 면적이 계속 늘어나고 있는 것을 확인할 수 있다. 가구당 주거 면적도 2006년

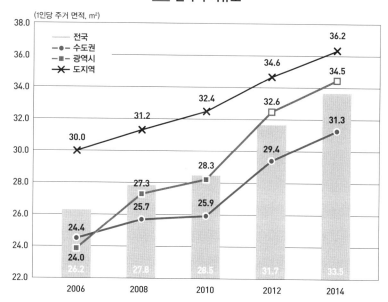

표22 전국 주택규모

(1인당 주거 면적, m²)

* 출처 : 통계청

67.3㎡, 2008년 69.3㎡, 2010년 68.7㎡, 2012년 78.1㎡, 2014년 71.4㎡로 계속 늘어나는 추세다. 이와 달리 평균 가구원 수는 2006년 3명에서 2014년 2.5명으로 줄었다.

가구원 수가 줄었음에도 1인당 주거 면적이 늘어나고 있는 현상은 보다 쾌적한 주거환경을 추구한다는 것을 의미한다. 특이하게도 저소득층의 1인당 평균 주거 면적이 40㎡로 오히려 더 넓다. 그 이유는 가구원 수가 저소득층은 1.7명으로 중소득층 2.8명, 고소득층 3.5명에 비해 적기 때문이다.

지역별 주거 면적을 살펴봐도 2006년 도 지역이 30㎡, 광역시 24㎡, 수도권 24.4㎡에서 꾸준히 증가해서 2014년 도 지역 36.2㎡, 광역시

34.5㎡, 수도권 31.3㎡로 나타났다. 동일하게 전 지역에서 증가했지만 인구밀도가 낮은 도 지역, 광역시, 수도권 순으로 인구가 밀집할수록 주거 면적이 작다는 걸 알 수 있다. 도 지역에 비해 상대적으로 작은 주거 면적에서 살아간다는 것이지 과거에 비하면 훨씬 더 넓은 주거 면적에서 살아간다.

1997년 전세 자금 3,000만 원으로 강동구 고덕동 한라, 강서구 화곡동 제2주공, 구로구 구로동 시영, 노원구 상계동 주공 3단지, 경기 부천시 상동 극동아파트 등을 입주할 수 있었다. 이 아파트들은 전부 10~15평 아파트로 방 한 칸짜리 아파트다. 강서구 가양동 도시개발 2단지, 노원구 상계동의 주공 10, 11단지, 송파구 가락동과 신천동의 시영아파트 단지는 4,000만 원대이지만 평수는 별 차이가 없었다.

그나마 5,000만 원대 전세 아파트는 좀 더 다양했다. 강남구 삼성동 AID 1차, 강동구 고덕동 주공, 송파구 잠실동 주공3단지, 성남시 분당 이매동 아름선경아파트인데 이 아파트들은 15~20평형이었다. 노원구 상계동 시영7단지, 서대문구 홍은동 풍림1차, 양천구 목동 장미, 고양시 일산 백마벽산, 성남시 분당 금강아파트도 전세가 5,000만 원대인데 20평형이었다.

2015년 최근 분양한 아파트 면적을 살펴보면 다음과 같다. (특정 업체 노출은 제외한 상태) 서울 행당 6구역은 지하 2층, 지상 39층 7개동으로 이루어져 있고, 총 1,034가구 중 일반 분양은 294가구다. 일반 분양 물량은 유형별로 59㎡ 37가구, 84㎡ 192가구, 108㎡ 46가구, 128㎡ 16가구 등으로 구성됐다. 서울 염리2구역은 지하 4층, 지상 25층 12개동으로, 전용면적 59~119㎡ 927가구 규모다. 이 중 일반 분양은 59㎡ 114가구, 84㎡ 316가구, 119㎡ 6가구 등 총 436가구로, 선호도 높은 중소형 평형이 98%를 차지한다. 전주에 생태신도시로 조성된 아파트는 지하 1층, 지상 24층 9개동 전용면적 59~116㎡ 640가구다.

1인당 주거 면적이 늘어난 만큼 최저 주거 기준에 미달되는 주택에 거주하는 가구는 점점 줄어들고 있다. 2006년 26.2㎡ 미만에 거주하는 가구는 전체 가구 중 268만 가구로 16.6%였다. 2008년에는 27.8㎡로 늘어났지만 그 미만에 거주하는 가구는 전체 가구 중 212만 가구로 12.7%, 2010년 28.5㎡ 미만에 거주하는 가구는 10.6%로 184만 가구다. 2012년은 31.7㎡ 미만에 거주하는 가구는 7.2%로 127만 7,000가구다. 끝으로 2014년에는 33.1㎡ 미만에 거주하는 가구는 99만 2,000가구로 전체 가구의 5.4%다.

점점 주거 면적이 늘어나 주거의 양적 수준이 향상되고 있다. 현재 70대 이상 연령층이 40대이던 30년 전인 1980년대에 4, 5인 가구가 살았던 주거 면적보다 지금 40대가 살아가는 주거 면적이 2배 정도는 크다. 게다가 지금은 3, 4인 가구가 대부분이다. 거주 인원은 줄었고 주거 면적은 더욱 늘었다. 지금까지의 추세를 보더라도 1인당 주거 면적은 향후에도 지속적으로 늘어날 가능성이 크다. 분양 면적도 과거에 비해 넓어졌다.

주거 면적이 더 넓어진 상황에서 주택가격이 떨어지거나 그대로일 것이라는 말은 상식적으로도 이해하기 힘들다. 이미 언급한 것처럼 건설 비용은 인건비를 포함해 지속적으로 오르고 있다. 주택 규모가 넓어진 딱 그만큼을 최소한으로 해서 주택가격은 계속 올라갈 수밖에 없다. 85㎡에 거주하던 사람 중에 50㎡로 줄여 이사 가는 사람이 많을까, 그 반대가 많을까. 주거 면적이 넓은 곳에 거주하다가 줄여가기는 쉽지 않다. 여러분도 그 사실을 알고 있지 않은가.

필요 주택 숫자

국가의 주택 공급을 표시하는 것으로 주택보급률이 있다. 주택보급률은 일반 가구 수에 대한 주택 수의 백분율(주택 수 / 일반 가구 수 × 100)로 정의한다. 여기에는 빈집이 포함되고 다가구 구분거처를 반영하고 1인 가구를 포함한 일반 가구로 산정한다. 한국에 거주하고 있는 가구의 숫자보다 주택이 얼마나 부족하고 여유가 있는지를 나타내는 양적 지표다. 주택보급률은 2005년 98.3%에서 2014년 103.5%로 상승하여 100%를 넘었다.

2014년 주택보급률은 서울 97.9%, 부산 104.3%, 대구 103.8%, 인천 100.9%, 광주 104.1%, 대전 101.7%, 경기 97.8%이다. 참고로 일본은 2008년 115.2%, 미국은 2008년 111.4%, 영국은 2007년

106.1%이다. 주택보급률은 주택 수가 부족한 시절에는 주택재고를 확대하는 정책 목표로 중요하게 여겨졌지만, 주택 부족 문제가 해결된 선진국을 비롯한 지금의 한국에서는 정책 지표가 아닌 분석 목적으로 활용된다.

주택을 보유하고 있는 가구의 비율을 자가보유율이라 한다. 자가주택에서 살지 않더라도 주택을 보유하고 있는 가구를 지칭한다. 자가보유율은 2005년 60.3%, 2014년 58%이다. 2014년 자가보유율은 서울 46.3%, 인천 59.9%, 부산 61.1%, 대구 59.8%, 광주 62.1%, 대전 53%, 경기 53.9%이다. 참고로 1인 가구의 자가보유율은 35.6%, 2인 가구는 64%, 3인 가구는 63.3%, 4인 가구는 71%, 5인 가구는 69.7%이다. 40세 미만의 자가보유율은 32.8%, 40~49세가 56.9%, 50~59세가 65.6%, 60세 이상이 73.9%다.

자기 소유의 주택에 거주하는 가구의 비율은 자가점유율이라고 한다. 자기 집을 보유하면서 남의 집에 거주하는 경우는 자가점유율에서 제외한다. 주거 생활이 어느 정도 안정됐는지를 말해주는 지표가 바로 자가점유율이다. 주택 수가 부족하지 않은 현재 정부는 자가점유율을 높이는 것을 정책 목표로 두고 있다. 국가 간 비교를 할 때도 주택보급률이 아닌 자가점유율을 이용한다.

1975년 63.1%였던 자가점유율은 1990년 49.9%로 최저를 보인 후 2014년 53.6%다. 수도권은 1985년 44.4%에서 2008년 50.7%로 최고를 보인 후 2014년 45.9%다. 광역시는 2005년 55.1%에서 2014년 56.5%다. 1인 가구의 자가점유율은 31.4%, 2인 가구는 61.1%, 3인 가구는 58.6%, 4인 가구는 65.1%, 5인 가구는 64.4%다. 연령으로 볼 때 40세 미만이 28.6%, 40~49세가 51%, 50~59세가 60.8%, 60세

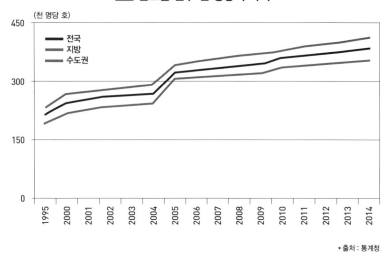

표23 연도별 인구 천 명당 주택 수

(천 명당 호)

전국
지방
수도권

*출처 : 통계청

이상은 71.2%다. 자가보유율에 비해 자가점유율이 다소 떨어진다는 것을 확인할 수 있다.

지금까지 주택보급률, 자가보유율, 자가점유율에 대해 알아보았다. 이들 지표는 모두 한국에 주택이 충분히 공급되어 있는지를 알 수 있는 지표로 활용된다. 하지만 이들 지표는 1인 가구의 증가와 가구 형태가 변화하며 정확성이 낮아지고 있다. 이를 보완하기 위해 한국뿐만 아니라 전 세계적으로 인구 1,000명당 주택 수를 산출해 주택 보급이 얼마나 잘 이루어지고 있는지 파악한다. 인구 1,000명당 주택 수가 증가하면 주택 수급 상황이 개선되었다는 의미다.

한국 주택 유형을 살펴보면, 1980년대까지 단독주택이 대표적인 주거 유형이었다. 1980년 후반 200만 호 공급이 이루어지면서 본격적으로 아파트가 대량 공급되었다. 그 결과 2010년 기준으로 아파트가 주택 유형의 약 60%에 달한다. 건축 환경 변화에 따라 다세대주택과 다가구주택도 많이 공급되었다. 예전에 한 가구가 살던 단독주택에 이제는 다가구가 살고 있어 2005년부터 구분거처로 반영하고 빈집도 포함한다. 또한 인구도 내외국인을 가리지 않고 국내에 거주하는 인구를 모두 포함한다.

1,000명당 주택 수는 1995년 212.2호다. 2005년 전까지는 다가구주택은 1호로 주택 수를 산정했다. 2000년 244.1호, 다가구주택을 구분거처 수를 반영한 2005년에는 324.5호였다. 꾸준히 증가한 1,000명당 주택 수는 2014년 385.3호다. 수도권으로 제한하면 1995년 189.1호, 2000년 217.6호, 2005년 308.8호, 2010년 335.8호로 증가하며 2014년 355호다. 수도권을 제외한 지역을 보면 1995년 231.4호, 2000년 266.9호, 2005년 339.2호, 2010년 378.9호, 2014년 415.5호다.

수도권의 1,000명당 주택 수는 전국에 비해 부족하고 수도권을 제외한 지역과 비교하면 더더욱 부족한 실정이다. 1,000명당 주택 수가 적정한지 부족한지 과잉인지를 보기 위해 외국과 비교해보자. 미국 주택도시개발청이 2010년에 발표한 〈미국 주택 조사American Housing Survey〉에 따르면 미국은 410호이다. 영국 지역사회·지방자치부가 발표한 〈영국 주택 조사English Housing Survey: Household Report〉에 따르면 영국은 434호이다. 일본은 일본총무성통계국이 〈주택토지통계조사〉에서 밝힌 결과 451호다.

국가마다 인구수가 다르지만 인구 1,000명당 주택 수로 비교하면 공정한 잣대가 될 수 있다. 주택 수가 부족한 시절에 사용하던 주택보급률 같은 지표로 비교하면 불확실한 결과가 나온다. 세계적으로 활용되고 있는 인구 1,000명당 주택 수로 비교하는 것이 가장 정확하고 공정하다. 2014년 현재 한국의 인구 1,000명당 주택 수가 385.3호이니, 우리가 그토록 비교하는 일본에 비해서도 많이 부족하다는 것을 알 수 있다.

2013년 국토교통부에서 제2차 장기(2013~2022년) 주택종합계획을 발표했다. 1990년대 연평균 52만 호 공급을 계획했고 2000년에서 2012년까지 연평균 49만 호 공급을 계획했던 정부는 2013년부터 2022년까지 연평균 39만 호를 공급하려 계획했다. 매해 주택 수요가 변동할 수 있다는 점을 감안해 5만 8,000호 정도를 더 짓거나 덜 지을 수 있도록 했다. 이로써 10년간 390만 호를 공급할 계획이다. 수도권과 비수도권의 비율을 56 대 44로 택지를 확보하고 공급할 예정이었다. 수도권에 연 21만 7,000호(±3.2만 호), 비수도권에 연 17만 3,000호(±2.6만 호) 내외로 공급할 예정이다.

이를 토대로 2012년 주택보급률은 전국 102.7%, 수도권 99%에서 2022년 전국 107%, 수도권 105%로 올린다. 인구 1,000명당 주택 수는 2010년 전국 364호, 수도권 343호에서 2022년 전국 422호, 수도권 398호로 늘린다. 장기 공공임대주택 수는 2012년 전국 93만 호에서 2022년 전국 200만 호로 대폭 증가시킨다. 면적과 방수와 설비 기준으로 최저 주거 기준에 미달하는 가구 비율을 2010년 전체 가구 수대비 10.6%에서 2022년 5%로 줄인다. 이렇게 하여 1인당 주거 면적을 2010년 25㎡에서 2022년 30㎡로 확장하는 것을 목표로 하는 주택종합계획을 추진하는 것이 정부의 목표다.

참고로 제1차 장기(2003~2012년) 주택종합계획에서 연 50만 호 공급을 위해 공공 택지가 429k㎡(1억 3,000만 평) 소요된다고 봤다. 2차에서는 301.3k㎡가 소요된다고 봤지만 미매각 등 잠재 물량을 먼저 활용하기로 했다. 이와 함께 소요 택지의 50% 정도를 100만 평 이상 대규모 택지로 개발해서 신도시를 계획했으나 2차에서는 신도시 계획 자체가 없다.

안정적으로 주택을 공급하기 위해서는 기존 주택을 멸실시킨 후 건설하기보다는 택지를 공급해야 한다. 이를 위해서는 2013년부터 매년 30.1k㎡가 필요하다. 하지만 정부의 택지 공급은 이와 달리 실행되고 있다. 2013년 19.1k㎡의 공급을 계획하고 15.1k㎡ 공급해서 계획 대비 79%밖에 달성하지 못했다. 게다가 2014년에는 11.7k㎡를 계획하고 7.5k㎡만 공급해서 64%밖에 안 되었다.

인구 1,000명당 주택 수가 2010년 전에 이미 일본, 영국, 미국은 최소한 400호가 넘었다. 이를 위해 한국도 2022년까지 인구 1,000명당 전국적으로 422호 계획했지만 거꾸로 집행하고 있다. 이 책 서두에서 부동산은 국가의 것이라고 말했다. 얼마든지 국가의 조절에 따라 주택가격은 변동할 수 있다. 일본의 주택가격이 오르지 못한 가장 큰 이유는 계속해서 주택 공급을 한 때문이다. 제1차 장기(2003~2012년) 주택종합계획을 차근차근 진행시킨 것과 달리 제2차 장기(2013~2022년) 주택종합계획은 초반에 다소 늦춰지고 있다. 향후 주택가격이 어떻게 변화할지 예측되는가.

그래도 주택은 사는 것이 낫다

이 책 서두에 '컵에 물이 반 있다'라는 표현이 정확하다고 말했다. 하지만 인간은 자신도 모르게 확증편향에 빠진다. 데이터 자체는 말이 없다. 문제는 데이터를 보는 사람이 자신이 믿는 (또는 믿고 싶은) 데이터는 받아들이고 믿고 싶지 않은 데이터는 전부 삭제한다. 스스로 보고 싶은 것만 보고 듣고 싶은 것만 들으면서 편향이 확대된다. 자신이 그렇다는 것을 자각하지도 못하고 편향에 빠지게 된다.

수풀이 흔들린다. 처음 발견한 사람은 그것이 무엇을 뜻하는지 모르고 멍하니 쳐다본다. 곧 짐승이 나타나 주변 사람들이 혼비백산하며 흩어진다. 이런 일이 몇 번 반복되면 그다음부터는 비슷한 낌새만 나타나도 더 이상 지체 없이 무조건 도망간다. 인간은 이런 방법으로 진화해왔다. 생존을 위해 충분히 심사숙고하는 경우도 많지만 즉각적으로 반응하는 경우가 더 많다. 본능에 의지할 때 살아남을 가능성이 더 많다고 믿는다.

어느덧 빅 데이터의 시대가 되었다. 우리가 알지 못하고 자각하지 못하는 수많은 것들이 데이터로 수치화되어 표현된다. 나도 모르는 나를 데이터로 규정할 수 있을 정도다. 빅 데이터의 시대라고 하지만 현재 갖고 있는 데이터의 90% 이상이 최근 2~3년 동안 확보한 것이라 한다. 데이터가 어느 날 갑자기 생겨난 것이 아니다. 원래부터 존재했던 것이다. 이제야 그 중요성이 강조되며 무시했던 온갖 자료를 모아 수집하며 일정한 규칙을 볼 수 있게 되었다.

이제 무턱대고 자신의 주장을 펼치는 사람은 없다. 전문가뿐만 아니라 일반인도 자신의 주장을 뒷받침하기 위한 온갖 자료를 찾고 가공해서 보여준다. 누구나 쉽게 찾을 수 있다. 책에서 나온 모든 자료들도 특별히 가공하거나 입맛에 맞게 편집하지도 않았다. 마음만 먹으면 언제든지 찾을 수 있다. 통계청, 한국은행, 각국 통계청 등등. 전문가가 해야 할 역할을 지극히 평범한 사람도 조금만 노력하면 찾을 수 있게 되었다.

책에 나온 모든 데이터는 우리가 특별해서 찾고 만든 것이 아니다. 오히려 책을 쓰면서 많이 아쉬웠다. 이런 내용을 책으로 써서 알려야 할 사람은 우리가 전문가라 부르는 사람들이다. 한편으로는 너무 찾기 쉬운 내용이라 전문가들이 등한시하는지도 모르겠다. 사실 자료를 찾으며 한국처럼 자료가 체계적으로 잘 구축되어 있는 국가가 없었다. e-대한민국이라는 표어가 결코 무색하지 않았다.

불행히도 외국어 능력이 부족했다. 영어는 물론이고 일본어를 비롯한 외국어를 전혀 할 수 없는 무능력자다. 이런 능력으로도 외국 사이트를 뒤지며 찾을 수 있었던 것은 번역기 덕분이다. 번역기를 돌려 대략적으로 유추해서 올바른 데이터를 찾아볼 수 있었다. 이런 과정을 통해 각국의 자료를 얻었다. 그럴수록 한국이 얼마나 체계적으로 데이터를 관리하고 분류해서 볼 수 있게 해줬는지 감탄했다.

될 수 있는 한 데이터를 균형 있게 가공하지 않고 보여주려 노력했다. 데이터를 찾고 설명하는 과정에서 나도 모르게 특정한 확증편향에 빠져 글을 쓰지 않도록 노력했지만 인간이라 한계가 존재했다. 데이터를 계속 찾고 보다 보니 저절로 너무 자연스럽게 주택가격에 대한 특정 편향이 생겼다. 데이터를 보기 전에 이미 마음속으로 특정 방향성을 설정해두고 봤을 수도 있다. 그렇다 해도 어떤 자료도 의도적으로 가공한 후 보여주지는 않았다. 각 데이터를 공개한 곳의 정보 그대로 전달했다.

이미 고백했듯이 부동산 관련 온갖 데이터를 계속 모으고 보는 와중에 저절로 확증편향이 생겼다. 주택가격은 지속적으로 올라갈 수밖에 없는 구조다. 자본주의가 망하지 않는 한 주택가격은 결국에는 오른다. 이것은 명제일 뿐 언제나 들어맞는 진실은 아니다. 이미 미분양이 많이 있느냐, 미분양이 해소되었느냐에 따라 주택가격이 변동된다는 사실을 확인했다.

반면 아무리 미분양이 해소되어도 뜻하지 않은 경제 위기에는 부동산도 자유롭지 못하다는 것을 확인했다. 수요는 일정하지만 공급은 늘 일정하지 않았다. 수요에 비해 공급이 더 많을 때도 있고, 적을 때도 있었다. 이에 따라 나타난 수요와 공급의 불일치가 주택가격에 영향을 미치기도 했다. 하지만 IMF 구제금융 사태와 금융위기가 터진 후에 주택가격은 속절없이 무너졌다. 대한민국 역사상 주택가격이 가장 안정적일 때는 200만 호를 건설하고 그 이후에도 지속적으로 공급했던 1990년대였다.

길게 볼 때 주택가격은 결국 오른다는 의미지, 특정 기간만 볼 때는 주택가격이 오를 수도 떨어질 수도 있다. 그 부분은 어느 누구도 자신 있게 주장할 수 있는 것이 아니다. 흔히 말하는 '타이밍을 맞출 수 있느냐'인데 역사상 어느 누구도 이것을 정확히 예측해서 맞춘 사람은 없다. 고장 난 시계도 두 번은 맞는 것과 같이 운 좋게 한 번을 맞춘 경우는 있다. 이를 침소봉대해서 피리 부는 사나이처럼 부동산 전망의 구루가 되어 사람들을 현혹시키는 경우도 많다.

불행히도 많은 사람들이 타이밍을 맞춰 주택을 구입하려 한다. 주택을 구입하지 않는 이유는 더 떨어져서 손해 볼까 두려워서다. 주택을 구입하는 이유는 더 올라가서 나만 소외될까 못 견뎌서다. 그리고 주택가격이 오를지 떨어질지 알 수 없어 구입을 망설인다. 분명히 이 책은 부동산 투자를 권하지 않는다. 장기적으로 볼 때 주택가격이 오를 것이라 이야기했지만 그건 어디까지나 내가 구입하자마자 오른다는 뜻은 아니다. 구입하자마자 떨어질 수도 있다.

하지만 내가 편안하게 살 수 있는 주택 한 채는 구입하라고 권한다. 투자 목적이 아닌 거주 목적으로 말이다. 올라도 걱정하고 떨어져도 걱정해야 하는 주택을 구입하라는 것이 아니다. 마음 편히 더 이상 집 걱정을 하지 말고 살아갈 수 있는 주택을 구입하면 된다. 주택을 보유하지 못했거나 안 한 사람들은 거의 대부분 떨어지면 망설이고 올라가면 매수한다. 정확하게 표현하면 상승세가 꽤 길게 이어질 때 구입하는데, 거의 예외 없이 그 이후는 떨어지는 경우가 많아 치를 떨며 다시는 주택을 구입하지 않겠다고 다짐하며 버거운 이자를 견디지 못해 손해 보고 팔아버린다.

그렇다. 주택 구입을 권고하지만 무리한 주택 구입을 권하는 것은 결코 아니다. 자신이 감당할 수 있는 수준의 주택을 구입하면 된다. 내 수입이 300만 원인데 매월 내는 이자와 원금이 모두 150만 원이라면 생활이 되지 않는다. 이런 식으로 구입하는 것은 주택가격이 오를 것이라 믿고 위험을 감수하는 것이다. 그런 주택 구입을 독려하는 것이 아니다.

오래오래 거주하며 더 이상 주택가격에 스트레스 받지 않고 스스로 감당할 수 있는 범위 내에서 주택을 구입하면 된다. 그러면 주택가격이 떨어지든 오르든 상관없다. 내가 살 수 있는 편안한 주택 하나 장만해서 내 마음껏 꾸미고 살아가면 된다. 어차피 구입한 주택가격이 오르면 이사 가야 할 주택가격도 오른다는 것이다. 구입한 주택가격이 떨어지면 이사 가야 할 주택가격도 떨어진다. 결국에는 아무런 의미도 없다.

그나마 주택을 보유하고 있어야 오르든 떨어지든 더 준비해야 할 금액이 적어진다. 그렇지 않으면 평생 계속 노력해도 가질 수 없는 게 주택이다. 지금 70대 이상의 부모 세대들도 결코 보유한 현금만 가지고 주택을 구입하지는 못했다. 어느 정도 대출을 받아 내 집 마련의 꿈을 이뤘다. 이미 살펴봤듯이 주택가격은 오랜 시간이 흐른 후에야 올랐다는 사실을 확인할 수 있다. 인정하기 싫어도 피할 수 없는 사실이다.

무리해서 주택을 구입하고 힘겹게 살라는 말이 아니다. 자신이 감당할 수 있는 수준에 맞는 주택에 살면 된다. 이럴 때 주택가격은 무의미해진다. 올랐다고 기뻐하며 이사 가야 할 이유도 없고, 떨어졌다고 슬

퍼하며 이사 가야 할 이유도 없다.

그렇게 된다면 이 책의 소임은 다했다. 더 이상 바랄 것도 없다.

이놈의 주택은 구입해도 골치고 안 해도 골치다. 전적으로 주택을 주택으로 바라보지 않고 욕망과 공포가 결부된 눈으로 바라보기 때문이다. 이미 아파트가 왜 인기를 얻고 있는지도 우리는 확인했다. 너무 이상적인 이야기일지 몰라도 욕망과 공포를 걷어내고 주택을 주택으로 바라보자. 우리 가족이 편안하게 살 수 있는 주택 하나 갖고 있으면 되지 않을까. 물론 모든 사람이 그럴 수 없다는 것은 인정한다.

주택을 살 수 있는데도 공포에 떨며 구입하지 않고 있다가 뒤늦게 욕망에 눈이 멀어 구입하면 반드시 역효과가 난다. 이는 주택을 거주의 목적이 아닌 보유의 목적으로 보는 것이다. 단, 갈수록 어쩔 수 없이 도시에 모이게 된다. 특별히 전원주택이나 목가적인 풍경을 원하는 사람이 아닌 다음에는 대부분 도시에 모여 산다는 것만 기억하면 된다.

세상은 낙관론자들이 승리한다고 말한다. 실제로 역사를 돌이켜볼 때 언제나 최종 승리자는 낙관론자였다. 지구는 그렇게 꾸역꾸역 진화했다. 어떤 선택을 하고 결정을 내리든 오롯이 본인이 책임질 일이다. 이왕이면 희망을 꿈꾸고 살아가는 편이 본인에게도 좋다.

이것저것 생각하거나 따지지 말고 본인이 감당할 수 있는 범위 내에서 생활하기 편한 곳의 주택을 구입해서 가족이 행복하게 살아간다면 그것으로 족한 것이 아닐까. 주택가격이 무슨 의미가 있을까. 내가 생활하는 데 지장이 없다면.

이 책을 읽은 여러분 모두가 행복하게 거주하기를 진심으로 바란다!

참고

참고 서적

《광기, 패닉, 붕괴—금융위기의 역사》, 찰스 P. 킨들버거, 로버트 Z. 알리버 지음, 김홍식 옮김, 굿모닝북스, 2006.

《금리의 역사》, 리처드 실라, 시드니 호머 지음, 이은주 옮김, 리딩리더, 2011.

《금융투기의 역사》, 에드워드 챈슬러 지음, 강남규 옮김, 국일증권경제연구소, 2001.

《도시는 무엇으로 사는가》, 유현준 지음, 을유문화사, 2015.

《도시의 승리》, 에드워드 글레이저 지음, 이진원 옮김, 해냄출판사, 2011.

《돈 좀 굴려봅시다》, 홍춘욱 지음, 스마트북스, 2012.

《벤 버냉키, 연방준비제도와 금융위기를 말하다》, 벤 S. 버냉키 지음, 김홍범, 나원준 옮김, 미지북스, 2014.

《부동산 미래쇼크》, 박원갑 지음, 리더스북, 2010.

《빚으로 지은 집》, 아티프 미안, 아미르 수피 지음, 박기영 옮김, 열린책들, 2014.

《신호와 소음》, 네이트 실버 지음, 이경식 옮김, 더퀘스트, 2014.

《10년 후에도 흔들리지 않는 부동산 성공 법칙》, 박원갑 지음, 크레듀, 2008.

《아파트 관리비의 비밀》, 김지섭, 김윤형 지음, 지식공간, 2014.

《아파트 투자지도를 다시 그려라》, 최명철 지음, 인더북스, 2009.

《아파트 한국사회》, 박인석 지음, 현암사, 2013.

《아파트값, 5차 파동》, 최명철 지음, 다다원, 2001.

《야성적 충동》, 로버트 쉴러, 조지 애커로프 지음, 김태훈 옮김, 랜덤하우스코리아, 2009.

《어디 사세요?》, 경향신문 특별취재팀 지음, 사계절, 2010.

《원화의 미래》, 홍춘욱 지음, 에이지21, 2009.

《이번엔 다르다》, 케네스 로고프, 카르멘 라인하트 지음, 최재형, 박애란 옮김, 다른세상.

《티핑 포인트》, 말콤 글래드웰 지음, 임옥희 옮김, 21세기북스, 2004.

《폴트라인》, 라구람 G. 라잔 지음, 김민주, 송희령 옮김, 에코리브르, 2011.

《플루토크라트》, 크리스티아 프릴랜드 지음, 박세연 옮김, 열린책들, 2013.

《하우스 푸어》, 김재영 지음, 더팩트, 2010.

《흔들리지 마라 집 살 기회 온다》, 김학렬 지음, 북아이콘, 2015.

참고 보고서

〈고령화, 소가족화가 주택시장에 미치는 영향 및 정책시사점 분석〉, 조만, 이창무, 한국개발연구원, 2014.

〈대공황 이후 주요 금융위기 비교〉, 정후식, 한은조사연구 2009-8.

〈독일 주택가격 상승의 배경과 전망〉, 이현진, 대외경제정책연구원, 2013.

〈동아시아 대도시 주택가격 변동성의 비교,분석〉, 조만, 김경환, 한국개발연구원, 2014.

〈무거운 부동산의 '단기'전망:공급이 답이다〉, 김효진, SK증권, 2015.

〈부동산의 다섯가지 특징〉, 김효진, SK증권, 2015.

〈영국 경기회복의 배경과 전망〉, 김준엽, 대외경제정책연구원, 2014.

〈2014년 주거실태조사(일반가구)〉, 국토교통부, 2015.

〈인구가구구조 변화에 따른 주택시장 영향과 정책방향〉, 기획재정부 재정정책국 부동산정책팀, 한국개발연구원, 2012.

〈인구절벽, 입주폭탄, 대외불확실 속 주택가격은 왜 오르는가〉, 채상욱, 하나금융, 2015.

〈일본의 부동산 버블 경험의 시사점〉, 경제정책비서관실, 2007.

〈제1차 장기(2003~2012년) 주택종합계획〉, 국토교통부, 2003.

〈제2차 장기(2013~2022년) 주택종합계획〉, 국토교통부, 2013.

〈주택가격이 소비에 미치는 영향〉, 최성호, 송상윤, 김영식, 한국은행, 2015.

〈주택매매시장 수급분석과 2015년 전망〉, 김광석, 현대경제연구원, 2014.

〈집 살 여력 있는 가구의 추계와 시사점〉, 김광석, 《한국경제주평》 589권, 현대경제연구원, 2014.

〈최근 전세 시장의 특징과 시사점〉, 이용화, 현대경제연구원, 2015.

〈최근 주택임대차시장의 특징과 시사점〉, 김광석, 현대경제연구원, 2015.

〈통계로 보는 미국,영국,일본,한국의 주택시장〉, 허윤경, 《CERIK저널》 4권, 한국건설산업연구원, 204.

〈한국 부동산은 정말 일본처럼 될까: no를 외치는 2가지 이유〉, 김효진 SK증권, 2015.

참고 다큐

〈아파트 중독〉, EBS 다큐프라임, 2014.
〈2시간째 출근 중〉, MBC 다큐스페셜, 2015.

참고 사이트

e-나라지표 http://www.index.go.kr/
한국 감정원 http://www.r-one.co.kr/
KB부동산 http://nland.kbstar.com/
한국은행 경제통계시스템 http://ecos.bok.or.kr/
통계청 http://kostat.go.kr/
국가통계포털 http://kosis.kr/
국토교통부 http://www.molit.go.kr/
국토교통원 http://www.krihs.re.kr/
국토교통부 실거래가 공개시스템 http://rt.molit.go.kr/
서울 통계 http://stat.seoul.go.kr/
일본 국토교통성 http://www.mlit.go.jp/
핀란드 통계청 http://www.stat.fi/
노르웨이 통계청 http://www.ssb.no/
스웨덴 통계청 http://www.scb.se/
독일 통계청 www.destatis.de
미국 연방준비제도이사회 http://www.federalreserve.gov/
국제통화기금(IMF) http://www.imf.org/
로버트 J. 쉴러 홈페이지 http://www.econ.yale.edu/~shiller/
Economic Research https://research.stlouisfed.org/
http://www.tradingeconomics.com/
세계은행 http://www.worldbank.org/
The Economist 글로벌 주택가격사이트 http://www.economist.com/blogs/
dailychart/2011/11/global-house-prices
시장을 보는 눈 http://blog.naver.com/hong8706

부동산의 보이지 않는 진실

2016년 1월 18일 초판 1쇄 발행
2021년 11월 30일 초판 5쇄 발행

지은이   이재범 · 김영기
펴낸이   김남길

펴낸곳   프레너미
등록번호 제387-251002015000054호
등록일자 2015년 6월 22일
주소   경기도 부천시 소향로 181, 101동 704호
전화   070-8817-5359
팩스   02-6919-1444

ⓒ 이재범 · 김영기 2016

프레너미는 친구를 뜻하는 "프렌드(friend)"와 적(敵)을 의미하는 "에너미(enemy)"를 결합해 만든 말입니다.
급변하는 세상속에서 저자, 출판사 그리고 콘텐츠를 만들고 소비하는 모든 주체가 서로 협업하고 공유하고 경쟁해야 한다는
뜻을 가지고 있습니다.
프레너미는 독자를 위한 책, 독자가 원하는 책, 독자가 읽으면 유익한 책을 만듭니다.
프레너미는 독자 여러분의 책에 관한 제안, 의견, 원고를 소중히 생각합니다.
다양한 제안이나 원고를 책으로 엮기 원하시는 분은 frenemy01@naver.com으로 보내주세요.
원고가 책으로 엮이고 독자에게 알려져 빛날 수 있게 되기를 희망합니다.